사례를 통해서 본

어린이집·유치원 환경디자인과 프로그램

Environmental Design and Program of Nurseries and Kindergartens

사례를 통해서 본

어린이집·유치원 환경디자인과 프로그램

Environmental Design and Program of Nurseries and Kindergartens

최경숙·최목화·변혜령·박정아·김영애·나종혜·손승희·조정신·주서령 지음

(주)교문사

머리말 *Preface*

어린이집과 유치원의 환경에는 인문사회적 환경과 물리적 환경이 있습니다. 두 가지 환경이 모두 고려되었을 때 그 시설은 소프트웨어와 하드웨어가 조화를 이룰 수 있습니다.

어느 특강에서 아동발달 전문가는 "아동에게 환경은 부모이다."라고 하였습니다. 한편 아동환경 전문가는 "어린이집과 유치원의 건축적 환경이 개선되어야 저출산 문제가 해결된다."라고 하였으니 전공에 따라 환경에 대한 관점이 다름을 알 수 있습니다.

그러나 소프트웨어에 해당되는 프로그램이 잘 운영되고 그것을 지원할 수 있는 하드웨어인 물리적 환경이 적절하게 구성될 때 어린이집과 유치원의 질적 향상이 가능합니다.

보육시설환경연구회는 어린이집의 질적 향상을 위해 보육시설 관련 전문지식과 최근의 정보를 다학제간(多學際間)으로 체계화하여 궁극적으로는 어린이집의 물리적 환경과 보육 프로그램을 연계하고자 2007년 보육 및 유아교육 전문가와 환경 전문가들이 모여 설립하였습니다. 그동안 연구회에서는 한국학술진흥재단 2008년도 소규모 연구회지원사업 연구비 수혜, 번역서 『보육시설 환경디자인』을 출간(교문사, 2009)하는 등 지속적인 연구를 진행하고 있습니다.

그동안 유치원과 어린이집의 교육 · 보육 프로그램에 대한 연구와 논의는 많이 있어 왔지만 상대적으로 물리적 환경에 대한 연구와 조사는 부족한 실정이었다고 할 수 있습니다. 이에 어린이집과 유치원에 대한 환경을 개선해야 한다는 목소리 또한 높아지고 있습니다.

어린이집과 유치원의 환경을 개선하기 위해서는 비교하여 살펴볼 수 있는 우수한 사례들이 많이 제시되어야 합니다. 그동안 국내외 사례조사를 여러 차례 실시하였는데, 다른 선진국 사례는 1인당 소득수준 및 제반 여건이 우리나라 현실과 너무 차이가 있어 직접 적용할 수 없는 한계가 있었습니다.

따라서 우리나라 현실에 맞으며 프로그램과 물리적 환경이 모두 좋은 사례를 다룬 책자가 거의 없음을 알고 그 필요성을 절실히 느끼게 되어 이 책을 출간하게 되었습니다.

우선 서울과 경기도 중심의 중부권, 경상도와 전라도 중심의 남부권을 구분하여 우수하다고 판단되는 시설을 먼저 조사한 후 그 시설의 프로그램이나 환경이 어린이들의 교육과 유치원 운영에 적합한가를 회의를 통하여 다시 한번 논의하였습니다. 그리고 결과적으로 프로그램과 시설 환경이 모두 우수한 시설만을 선별하고 직접 답사하여 사례집을 만들게 되었습니다.

이 책의 순서는 먼저 유치원과 어린이집, 기타(어린이집과 유치원 구분 안 되는 것)로 구분하고 아동 정원수 규모로 대규모(아동 수 100명 이상), 중규모(아동 수 50명 이상 100명 미만), 소규모(아동 수 50명 미만)로 구분한 후 시설 이름을 가나다순으로 정리하였습니다.

이 책을 만들 수 있도록 시설의 조사 · 답사를 허락하시고 프로그램 특징과 시설의 세밀한 부분까지 설명해주시고 협조해주신 원장님들께 진심으로 감사를 드립니다. 그리고 이 책을 실현시킬 수 있게 해주신 (주)교문사의 류제동 사장님과 정용섭 부장님 그리고 세밀히 편집하여 주신 성혜진 선생님 등 출판사 관계자분들께 감사드립니다.

2012년 4월

보육시설환경연구회 일동

사례를 통해서 본

어린이집 · 유치원 환경디자인과 프로그램

차 례

Contents

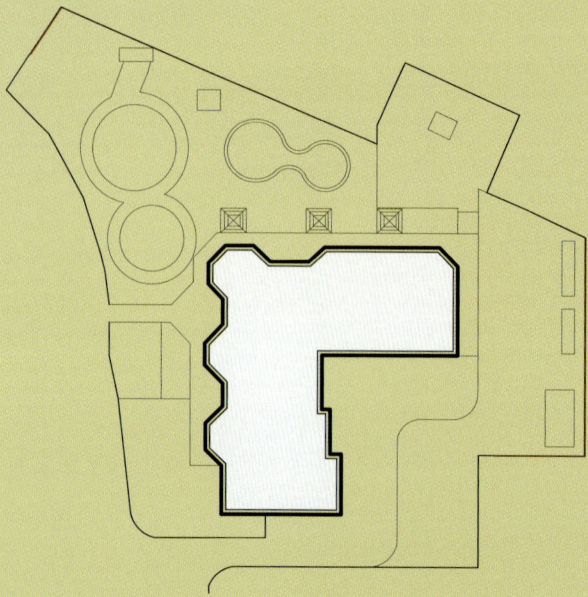

덕성여자대학교 부속유치원

자연친화적인 팔각형 교실

| **위치** 서울시 도봉구 쌍문동 | **시설유형** 사립 유치원 | **설립연도** 1995년 | **건물유형** 복합건물(1층: 유치원, 2 · 3층: 대학연구시설) | | **층수** 지상 3층에서 1층 사용 | **대지면적** 2,451㎡ | **연면적** 유치원면적 1,084㎡, 실외놀이터 367㎡ | **아동 1인당 시설면적** 9.3㎡ | | **운영시간** 반일제 프로그램(8시 40분~12시), 시간연장제 프로그램(8시 40분~2시), 종일제 프로그램(8시 40분~6시 30분) | **아동 수** 117명 | | **종사자 수** 19명(교사 7명, 원장 1명, 원감 1명, 보조교사 6명, 사무원 1명, 취사원 1명, 영양사 1명, 관리인 1명) | **반편성** **만 3세**: 반일제 / 1개 반 / 정원 18명 / 교사 1명 | **만 4세**: 시간연장제 / 2개 반 / 정원 48명 / 교사 2명 | **만 5세**: 시간연장제 / 1개 반 / 정원 30명 / 교사 2명 | **만 3~5세**: 종일반 / 1개 반 / 정원 20명 / 교사 2명

설립 목적 및 프로그램 목표

덕성여자대학교 부속유치원은 모든 발달의 기초가 형성되는 시기에 있는 만 3~5세 아동을 위해 최적의 학습환경을 제공하고, 유아교육학자들에 의해 그 효과가 실증된 교수-학습방법을 적용하여 최고의 유아교육을 실천한다. 또한 연구와 실험을 통해 한국 실정에 맞는 이상적인 유아교육 실현과 유아교육 전문가 양성을 위한 교육 및 환경을 제공하기 위해 설립되었다.

프로그램 철학 및 내용

덕성여자대학교 부속유치원은 상호작용주의에 기초한 보육과정을 운영하고 있다. 이론적인 배경은 듀이의 상황중심 상호작용이론, 비고츠키의 사회적 상호작용이론, 피아제의 인지발달적 상호작용이론에 바탕을 두고 있다. 생활주제에 맞게 흥미영역별로 놀이가 계획되고, 아동들은 통합적으로 놀이를 한다. 이때 아동과 환경, 아동과 아동, 아동과 교사의 상호작용을 통해 아동들이 지식과 개념을 자기 주도적으로 발달시키는 것을 기초로 한다. 특히, 만 3세는 자기중심성이 강하고, 자율성이 발달하는 시기이므로 자기 조절, 기본 생활습관 형성, 원만한 또래관계를 위한 사회적 기술을 익히는 것에 중점을 둔다.

만 4세는 또래와의 상호작용을 강조하고, 기억력과 탐색능력의 증가로 논리적 사고가 발달하게 되므로 주변의 사물과 현상을 적절히 탐색하고, 창의적으로 문제를 해결하는 것에 중점을 둔다. 만 5세는 논리적 사고가 더욱 발달하므로 생활주제를 진행해 나갈 때 주변사물이나 현상의 탐구 · 예측 · 실험 등의 과학적인 활동과 또래와의 협동, 창의적인 놀이를 격려하는 것에 중점을 둔다. 종일반 프로그램은 혼합연령의 특성과 교육시간의 길이 및 연령별 유아들의 수준과 요구를 수용하는 것에 기초를 둔다. 혼합연령에서만 경험할 수 있는 또래관계의 긍정적인 교육효과 및 균형잡힌 식단과 휴식, 확장된 교육경험을 제공한다.

1. 밝고 넓은 현관

2. 정측창이 있어 환한 홀

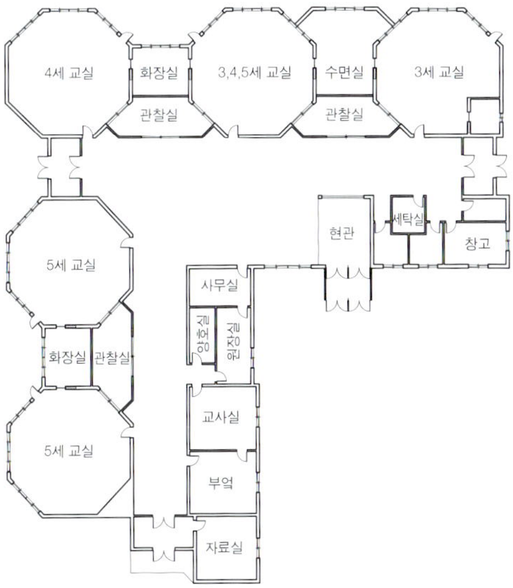

1층 평면도

3

특이사항

인턴으로 근무하여 유치원의 교육철학, 교수방법 등을 충분히 이해하고 있는 교사를 서류전형, 면접, 모의수업 외 까다로운 절차를 거쳐 채용하여 교육 프로그램의 질을 지속적으로 유지하도록 노력하고 있다.

그리고 유치원의 각 교실에서 실외놀이터로 바로 나갈 수 있도록 문이 따로 설치되어 있어 실내활동과 실외활동을 자유롭게 연결할 수 있도록 하였고, 만 3~5세의 혼합연령으로 구성되어 있는 종일반의 교실은 별도의 낮잠실을 두어 낮잠공간과 아동들의 놀이공간을 분리하였다. 우리나라의 실정상 별도의 낮잠실을 두는 것은 매우 드물다.

실내자유놀이뿐 아니라 실외자유놀이도 적극적으로 실시하고 있는데, 연령별 놀이터를 분리하고 있는 점이 특징이다. 실외놀이터의 놀이시설이나 교실의 활동영역에 있는 교구장 등을 교사들이 자체적으로 연구하여 제작한 것이 많아 이 유치원만의 독특한 공간을 만들고 있다.

3. 팔각형 교실 내부
4. 관찰실에서 바라본 교실
5. 화장실 세면대

6

7

배치특성

덕성여자대학교 캠퍼스 내에 위치하고 있어 실외놀이터가 매우 넓고 유치원 공간은 단층으로 매우 우수한 환경을 가지고 있다.

건물 배치는 단순한 'ㄱ자형'으로, 실외놀이터로의 접근성을 최대화하기 위하여 교실은 실외놀이터가 위치한 외곽에 배치하고, 중복도를 사이에 두고 사무실, 교사실, 부엌, 세탁실 등 교실을 지원하기 위한 공간들은 앞쪽으로 배치하고 있다. 건물의 주출입구에서는 교실이나 실외놀이터가 보이지 않아 아동의 프라이버시와 안전이 잘 확보되고 있으며 사무실, 교사실에서는 주출입구가 잘 보여 방문자의 접근을 관찰 · 통제하기 용이하다.

덕성여자대학교 부속유치원의 가장 큰 특징은 아름답고 교육적으로 계획된 실외놀이터이다. 모든 교실에서 실외놀이터로 바로 갈 수 있으며, 연령과 놀이특성에 따라 차별화된 놀이공간을 계획하여 아동들의 교육적 외부활동을 적극적으로 지원하고 있다. 특히 연령별로 분리된 놀이공간을 '형님놀이터', '동생놀이터'라고 부르고 있으며, 연령별 특성에 맞는 복합놀이대를 각각 설치한 것이 특징적이다.

실외놀이터는 넓은 면적 덕분에 자전거길, 축구장, 텃밭, 동물사육장 등을 두어 아동들에게 이상적인 실외활동을 적극 지원하고 있다. 특히 실외놀이에 사용되는 기구들을 수납할 수 있는 창고들을 여러 곳에 두어 편리하게 사용할 수 있도록 하였을 뿐 아니라 창고를 목재로 만들어 숲속에 있는 듯한 자연적 환경을 조성하고 있다.

6. 낮잠실 수납장
7. 형님놀이터
8. 동생놀이터
9. 물놀이대와 모래놀이터

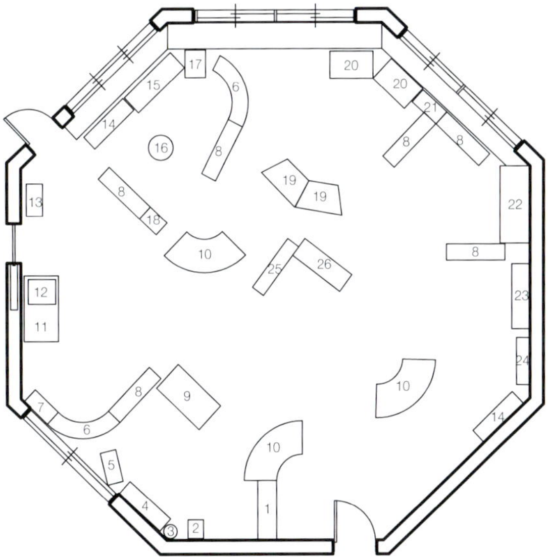

만 5세 반 평면도 및 가구배치도

길이×폭×높이 (단위 : mm)

1		350×1,090×1,110	14		300×980×750
2		350×300×620	15		400×1,150×500
3		260×290	16		500×250
4		290×1,000×600	17		400×500×230
5		300×600×00	18		410×290×80
6		1,000×750	19		550×880×520
7		300×550×750	20		500×800×520
8		300×1,090×750	21		300×600×730
9		600×1,100×520	22		1,410×560×870
10		1,080×230	23		320×1,180×820
11		650×1,200×500	24		230×860×700
12		450×500×480	25		220×1,090×730
13		300×600×1,150	26		355×1,090×1,110

평면특성

전체 평면은 'ㄱ자형'으로 한 면에 팔각형의 교실 5개가 배열되어 있는 매우 단순한 구성으로 되어 있다. 전체적으로는 중복도형 평면유형으로 복도 한 면에는 교실들이 배치되어 있고, 다른 한 면에는 교실을 지원하는 사무실, 양호실, 교사실, 부엌, 사무실, 세탁실, 창고 등이 있다. 중앙 현관 전면에 위치한 넓은 홀은 천장도 높고 고측창이 있어 매우 밝고 환영하는 듯한 인상을 주며, 현관과 홀 사이도 전면 유리로 처리하여 소음과 찬 기운은 막아주되 관찰을 용이하게 하고 밝은 이미지를 연출하고 있다.

1996년 신축 당시에는 반일반 중심으로 계획하였으나, 현재는 종일반을 운영하면서 급식이 이루어지고 있어 간식 준비용으로 계획되었던 조리실을 제외하고는 식당이 구비되지 못한 점이 아쉬운 상황이다.

덕성여자대학교 부속유치원의 가장 큰 특징은 팔각형 교실이다. 팔각형 교실은 정방형 형태보다 외기에 면하는 면을 많게 하여 자연적 친화 및 실외놀이를 중요하게 생각하는 유치원의 프로그램 방향에 일치하고 있다. 그리고 각 교실마다 실외놀이터로 직접 나갈 수 있는 출입문을 두어 실외놀이를 지원하고 있다. 교실에서 실외놀이터로 연결되는 부분에 캐노피를 설치하여 신발이 비에 젖는 것을 방지하고, 신발을 갈아 신을 수 있는 여유공간을 제공하고 있다.

덕성여자대학교 부속유치원은 타기관과 교실모양에서 차별화된다. 교실구조가 팔각형으로 되어 있어 교실 가운데를 중심으로 방사형의 홍미영역이 배치되어 있다. 교실은 기본적으로 홍미영역으로 구성이 되어 있지만, 각 반마다 교사에게 자율성과 융통성을 주어 기본 원리는 따르지만 각 반에서 진행되는 주제에 따라서 환경구성을 교사들이 한 달에 한 번, 3~4주에 한 번씩 달리 하고 있다. 실내영역의 교구장 등은 교사들이 자체적으로 연구하여 제작한 것이 많아 타기관과 차별되어 보인다. 교실의 천장 및 단면도 이중으로 계획되어 교실 내부 깊이까지 빛이 유입되도록 하였다.

○ **1층** : 현관, 사무실, 교사실, 보건실, 화장실, 낮잠실, 조리실, 교재실, 창고, 교실 5개

10. 자전거길
11. 마당으로 나가는 곳에 캐노피를 설치하여 신발 신는 공간을 마련함
12. 실외놀이활동을 편리하게 지원해주는 마당과 건물 경계의 바닥 포장

아란유치원

레지오 에밀리아 교육철학 실현

| **위치** 경기도 용인시 기흥구 언남동 130-3 | **시설유형** 사립 유치원 | **설립연도** 2005년 | **건물유형** 단독건물 | **층수** A동 지상 3층, B동 지상 3층 |
| **대지면적** 2794㎡ | **건축면적** A동 361.3㎡, B동 630.9㎡ | **연면적** 2,070.5㎡ | **아동 1인당 시설면적** 4.6㎡ | **운영시간** 오전 9시~오후 2시 | **아동 수** 420명
| **종사자 수** 29명(원장 1명, 담임교사 24명, 아뜰리에스타 2명, 페다고지스타 2명) | **반 편성 만 3세**: 3개 반 / 정원 75명 / 교사 6명
| **만 4세**: 5개 반 / 정원 125명 / 교사 10명 | **만 5세**: 4개 반 / 정원 108명 / 교사 8명 | **건축가** 이민, 손진(이손건축사사무소)

설립목적

아란유치원은 "어린이들이 행복하고 진정한 유아기를 보내게 하겠다."는 취지로 설립하였다.

프로그램 목표

아란유치원에서는 어린이는 삶의 주인공이라는 생각과 함께 자발적 동기 부여를 통한 학습과 전인교육을 목표로 우리나라 실정에 맞게 적용한 레지오 에밀리아 교육 프로그램을 실시, 운영하고 있다.

프로그램 철학 및 내용

아란유치원은 국가수준의 유치원 교육과정을 실시하면서 동시에 레지오 에밀리아 교육철학에 근거하여 아동이 성인 주도의 수동적 현실 경험이 아니라 직접 경험을 통하여 능동적으로 학습의 즐거움을 느끼고 배움의 기쁨을 찾을 수 있도록 아동중심 프로젝트 수업을 진행하고 있다. 즉, 교사가 수립한 계획안대로 따라가는 수업이 아니라 같은 교실에 있는 아동들이 저마다 가지고 있는 경험과 호기심에서 이끌어내는 이야기에 따라 몇 개의 프로젝트를 계획하고, 아동의 요구와 의견을 중심으로 실행하고 있다.

아란유치원의 교육 프로그램을 성공적으로 실현하기 위해서는 레지오 에밀리아 교육을 행할 수 있는 교사를 확보하는 것이 매우 중요하다. 그래서 이 유치원은 교사 주도의 주입식 교육이 아니라 아동의 개인차를 이해하면서 요구에 반응해 주는 유능한 교사를 키우기 위하여 레지오 에밀리아협회와 교사 연수기관을 통하여 교사 재교육에 힘쓰고 있다. 또한 각 반 담임교사 외에도 '페다고지스타'라는 교육 프로그램을 담당하는 교사가 있어 지속적으로 프로그램을 연구하고 발전시키는 역할을 하고 있다. 또한 레지오 에밀리아 프로그램의 특징인 아뜰리에 공간에는 시각디자인과 동양화를 전공한 '아뜰리에스타' 두 명이 아동들과 생활하면서 일상생활 속에서 미적인 요소를 짚어 주고 있다.

1. 아동이 다양한 형태의 공간을 경험할 수 있도록 '—자형(A동)'과 'S자형(B동)' 2개의 건물로 되어 있음
2. 실외놀이터 겸 생태정원을 향하도록 배치하여 교실 내부와 외부를 시각적으로 연결시킴('S자형'의 B동 외관)
3. 각 건물로 진입하는 출입구는 여러 명의 아동들이 동시에 신발을 신고 벗기에 편리하도록 바닥을 곡선으로 처리하였으며 자갈과 목재, 페인트, 유리 등 다양한 재료를 사용함(A동 출입구)
3-1. B동 출입구

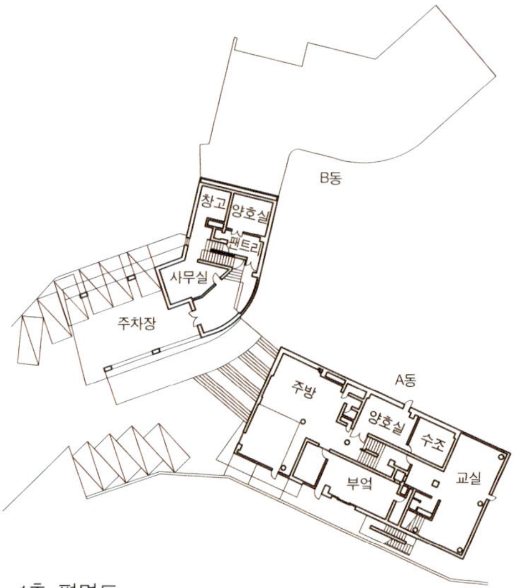

1층 평면도

아란유치원 원장은 아동의 공간을 매우 중요하게 생각한다. 그래서 유치원의 인가 정원은 450명임에도 불구하고 12학급 360명 현원 체제를 유지하면서 아동 개개인이 활동할 수 있는 공간을 넓게 제공하고 있다. 또한 아동은 자연스럽게 경험하는 공간을 통해서 많은 것을 배울 수 있다. 예를 들어 유치원 전면의 유리를 통해 아동은 매일 자연의 변화를 보고 색의 다양함을 배우게 된다. 그리고 모두 다른 모양의 12개 교실도 아동의 생각을 키우는 데 도움이 된다. 일상적이지 않은 창의적인 공간에서 생활하는 아동들은 놀이에서도 창의성을 발휘하여 기발하고 입체적인 미래 도시를 설계하고 그림을 그리게 된다.

아란유치원에서만 특별히 발견할 수 있는 것은 여러 해 동안 아동들의 활동을 연결하는 '이야기'와 교육 '흔적'인데, 아동의 의견을 존중하여 주제를 정하는 프로그램 덕분에 시간이 지나도 이야기가 연속해서 흐르는 것을 볼 수 있다. 예를 들어 작년에 다루었던 주제의 마지막 작품과 전시물이 유치원 곳곳에 전시되어 있어 학년이 바뀐 아동들이 작년에 했던 이야기를 이어나갈 수 있다. 그리고 졸업생이 남기고 간 벽화를 그대로 보존하여 이 공간을 함께 경험한 전 세대에 대한 이야기를 간직하거나 작년 유아반에서 반 이름을 모티브로 만든 반 상징을 그대로 올해 유아반 아동에게 보여주면서 아동의 이야기를 이어가고 있다. 또한 반의 상징이나 유치원의 상징 등 모든 디자인이 아동의 이야기와 프로젝트에 근거하여 정해지는 점도 아란유치원의 특징이다.

특이사항

아란유치원은 아동중심의 프로젝트 수업을 진행하면서 프로젝트의 과정을 기록하고 마지막 작품을 유치원 곳곳에 전시하여 아동들이 자연스럽게 지난 시간의 프로그램에 대하여 알아가도록 한다. 페다고지스타와 아뜰리에스타라는 독특한 역할을 지닌 교사들을 배치함으로써 프로그램의 교육적인 가치를 재고하고, 아동들의 경험이 풍부해질 뿐만 아니라 아뜰리에라는 고유의 공간을 잘 활용하도록 배려하였다.

4

4. 복도는 벽돌과 유리, 목재, 시멘트, 페인트 등 다양한 벽 마감재를 사용하고 천창을 두어 상하좌우가 연결되도록 하여 흥미로운 공간으로 연출함

4-1. 강당으로 가는 복도

5. 사다리꼴 형태의 A동과 B동 연결통로에는 벽화를 그려 신세계로 들어가는 듯 신비감을 자아냄

6. 계단에서 교실 내부를 볼 수 있는 작은 창을 두어 다른 아동들의 활동을 자연스럽게 관찰할 수 있음

4-1

5

6

7. 2~3개의 교실들이 모이는 연결점에 아동들이 자연스럽게 만나고 활동할 수 있는 광장이 되도록 작은 홀을 둠(B동 3층 홀)
8. 홀에는 공간형태와 같은 모양의 테이블과 난간을 두어 아동의 흥미를 유발함
9. 모든 교실은 실외놀이터 및 생태정원 쪽 벽 전체를 유리로 하여 채광과 환기가 좋을 뿐 아니라 실내와 실외를 시각적으로 연결시킴

아란유치원의 환경은 설계단계에서부터 레지오 에밀리아 교육철학을 바탕으로 아동은 능동적 학습참여자로, 교사는 아동을 새로운 세계로 이끄는 매개자 또는 촉매자로, 환경을 제3의 교사로 바라보며 아동이 흥미를 가지고 도전하면서 배우고 생각하고 이를 공유하는 경험을 할 수 있도록 환경을 계획하여 매우 다양한 공간을 아동이 경험하도록 하고 있다. 예를 들어 유치원의 12개 반이 모두 다른 크기와 형태로 구성되어 있다. 그리고 아란유치원의 구조와 배치는 아동이 능동적 학습자라는 생각을 충분히 반영하도록 외부와 내부공간을 연결하였으며, 내부공간은 상하좌우가 연결되도록 계획되어졌다.

10

10-2

10-1

10. 각 교실에는 그리기, 만들기 등 다양한 미술활동을 할 수 있는 아뜰리에가 따로 마련되어 있으며 물 쓰는 공간(10-1)이 인접하여 있음. 그리고 A동 2층에는 독립된 아뜰리에가 마련되어 있음(10-2)

11-1

11-2

11. 높이가 다른 천장, 아늑한 알코브와 다락방, 공간마다 다른 색의 벽과 바닥 등 아동에게 다양한 공간을 체험할 수 있도록 교실이 구성됨

배치특성

비교적 굴곡이 심한 삼각형의 경사진 구릉지 위에 '一자형'과 'S자형'의 2개 동으로 분리되어 있으며, 내부 통로로 연결되어 있다. 2개의 건물은 실외놀이터 겸 생태정원을 향하도록 하고 유리벽을 두어 모든 교실에 채광이 잘 되도록 하였으며, 교실 내부와 외부 정원을 시각적으로 연결시킴으로써 자연과의 접촉을 최대화하였다. 중앙에 위치한 실외놀이터 겸 생태정원에는 키 작은 나무를 이용한 미로와 경사지에 설치한 미끄럼틀, 연못, 물레방아 등 자연 그대로를 이용하여 실외놀이를 하는 동안 사계절의 변화를 아동들이 자연스럽게 느낄 수 있도록 배려하였다.

12

12-1

12-2

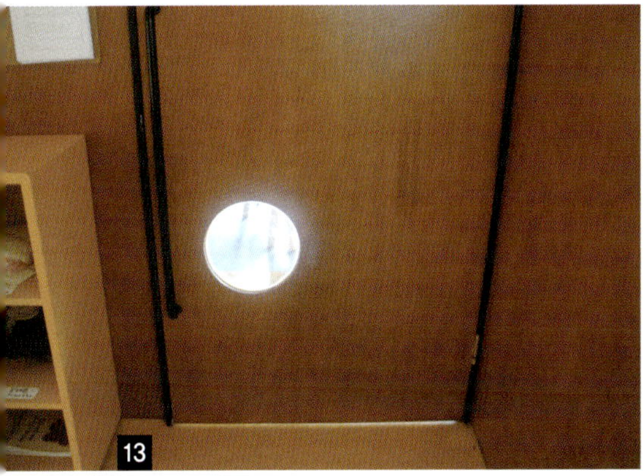

13

12. 높고 낮은 공간과 크고 작은 공간을 아동이 경험할 수 있도록 이웃한 2개 교실의 일부를 1/2층으로 나누어 서로 엇갈리게 겹쳐 한 교실에서는 다락방, 다른 교실에서는 낮은 아늑한 공간을 만듦(다락방으로 올라가는 계단)

    12-1. 옆 교실을 내려다 볼 수 있는 다락방

    12-2. 역할놀이공간으로 꾸며진 다락방 아래의 아늑한 공간

13. 교실 출입문은 아동과 어른 모두 편리하게 사용할 수 있는 긴 바 형태의 손잡이가 있으며, 아래쪽에 작은 창이 있음

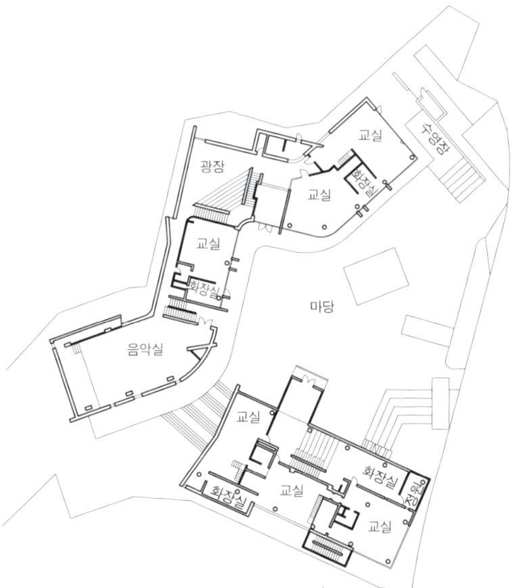

2층 평면도

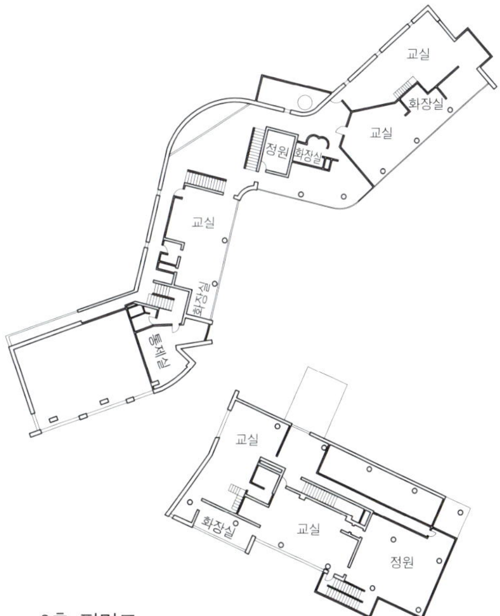

3층 평면도

평면특성

아란유치원의 평면유형은 레지오 에밀리아 접근법에 따라서 각 층마다 작은 광장공간을 두고 교실들을 2~3개씩 모아 연결시켜 클러스터(cluster)를 형성하여 아동들이 자연스럽게 만나고 활동할 수 있도록 하였다. 그리고 두 개 동의 각 건물 2층 중앙부분에 삐아자(광장)를 설치하여 대근육활동 및 집단활동을 할 수 있도록 하였다. 보육시설의 공간들은 큰 공간과 작은 공간, 높은 공간과 낮은 공간, 열린 공간과 닫힌 공간 등 다양한 형태의 공간들을 아동이 움직이면서 자연스럽게 만날 수 있도록 하였다. 복도나 계단에서 교실 안을 볼 수 있도록 작은 창을 두어 다른 아동의 활동을 관찰할 수 있도록 배려하였다. 2~3세의 어린 아동을 위한 교실 내부에는 아동용 화장실을 두었으며, 4~5세의 아동은 복도에 반 개방형의 아동용 화장실을 공동으로 사용하도록 하였다. 특히 2개 교실의 한 부분을 1/2층으로 나누고 서로 엇갈리게 겹쳐() 한 교실에서는 다락방 형태로 다른 교실에서는 천장이 낮은 작고 아늑한 공간으로 만들고 있다. 모든 교실은 생태정원 쪽 벽 전체를 유리벽으로 하여 채광과 환기가 아주 좋을 뿐 아니라 실내와 실외를 연결시켜 아동들의 다양한 활동을 지원하도록 하였다.

A동(一자형)

- **1층** : 현관, 교실 , 화장실
- **2층** : 교실, 화장실, 삐아자
- **3층** : 교실, 화장실
- **옥탑층** : 옥상정원

B동(S자형)

- **1층** : 부출입구, 사무실, 원장실, 자료실
- **2층** : 교실, 화장실, 삐아자
- **3층** : 교실, 화장실

14

14-1

14-2

14-3

15

14. 천창과 유리창으로 채광이 좋고 복도에 개방되어 있어 아동이 쉽게 사용할 수 있는 화장실. 만 5세 반 아동들은 복도에 있는 화장실을 함께 사용함

14-1. 세면대 벽면 뒤쪽의 소변기

14-2. 중정과 연결된 화장실

14-3. 세면대 공간

15. 교실 내에 화장실이 있는 경우 제각기 다른 형태로 되어 있음

16

16-1

16-2

16. 어린이집 2층 중앙부분에 삐아자(광장)가 있어 모든 연령의 아동이 자연스럽게 만나고 놀 수 있으며, 대근육활동이나 다양한 집단활동을 할 수 있음

16-1. B동 삐아자로 내려가는 계단

16-2. 삐아자의 천창

17. 독특한 형태의 놀이기구와 자연을 이용한 미로 등으로 구성된 실외놀이터

18. 경사진 지형을 이용한 미끄럼틀

19. 실외수영장

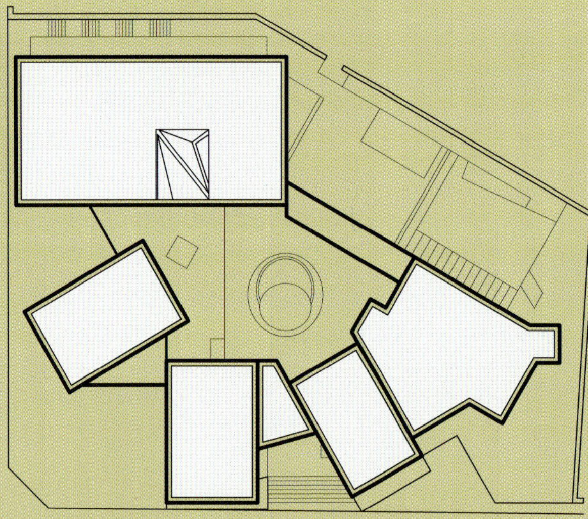

운문유치원

방사형 교실배치가 만들어내는 특별한 광장

| **위치** 경상북도 경산시 사동 655-2 | **시설유형** 사립 유치원 | **설립연도** 2008년 | **건물유형** 단독건물 | **층수** 지하 1층, 지상 3층 | **대지면적** 1,984.0㎡ | | **건축면적** 1,030.7㎡ | **연면적** 3,403.3㎡ | **아동 1인당 시설면적** 22.7㎡ | **운영시간** 오전 9시~오후 5시 | **아동 수** 150명 | **종사자 수** 15명(교사 8명, 원장 · 원감 · 관리 및 기사 · 행정직원 · 조리사 · 조리보조 · 환경미화원 각 1명) | **반 편성** **만 3세**: 2개 반 / 정원 50명 / 교사 3명 | **만 4세**: 2개 반 / 정원 50명 / 교사 3명 | **만 5세**: 2개 반 / 정원 50명 / 교사 2명 | **건축가** 이민, 손진(이민건축사사무소)

설립목적

불교사상인 '일체중생실유불성', 즉 "모든 생명은 부처가 될 수 있는 성품을 지니고 있다."는 불교이념에 입각하여 아동의 인성발달과 긍정적 세계관 정립을 구현함으로써 아동이 가진 본래의 불성을 발현시켜 인류 복지에 이바지할 수 있는 바른 생각, 맑은 마음, 밝은 지혜를 지닌 행복한 인간으로 성장시키고자 설립하였다.

프로그램 목표

불교에 대한 바른 개념을 획득하고 지혜를 통한 인지능력과 창의성을 개발하며 살아 있는 모든 것을 소중히 여기는 생명존중사상을 함양하고 실천한다. 시대에 맞는 질 높은 교육 프로그램 활용에 역점을 두며, 수업과 연결되는 다양한 행사와 프로그램을 통하여 가족 간의 사랑과 따뜻한 정서를 키우고, 보살행을 통한 성숙한 공동체 가치관을 확립한다.

기본 예절교육과 함께 전통과 세계의 다양한 문화를 수용함으로써 자주적이고 주체적인 성인으로 성장하도록 하기 위해서 현장학습의 기회를 다양하게 제공한다. 또한 창의적이고 심미적인 어린이, 바르고 아름다운 언어를 사용하는 어린이, 호기심 많고 발견하는 어린이가 되도록 질 높은 교육을 추구한다.

프로그램 철학 및 내용

운문유치원은 유치원 교육과정에 입각하여 아동이 다양한 영역에서 조화로운 발달을 이룰 수 있는 전인교육에 중점을 두며, 자주적이고 창의적이며 지혜를 가지고 조화를 추구하는 자율적인 아동으로 성장할 수 있도록 다양한 교육 경험과 기회를 제공하고자 한다. 특히 불교의 생명존중사상에 근거하여 다양한 생태적 삶을 경험하도록 함으로써 환경과의 바른 관계 맺음을 위해 노력한다. 또한 지역문화의 특성을 반영한 전통문화교육, 감성교육을 통해 지역사회의 구성원으로서 자신의 위치를 확인하고 성장하여 자신이 속한 환경에 대한 자긍심을 느끼고 주체성을 확립하도록 한다.

1

2

3

1. 자연스럽게 안으로 유입하는 듯 예각으로 된 유치원 주출입구
2. 유선형의 신발장을 중앙에 두어 많은 아동들이 쉽게 신발을 신을 수 있음
3. 노출콘크리트, 삼각형태, 천장에서 들어오는 빛 등으로 계단실은 아동의 호기심을 자연스럽게 자극함

4

5

경산의 문화적 환경을 고려하여 다양한 프로젝트 활동과 함께 생태중심, 명상프로그램을 유아발달 및 흥미에 적합하게 교육과정에 통합시키며 안전한 먹거리, 체험교육, 공동체 교육과 시민교육, 전통문화인 다원 문화교육을 실시한다. 아동이 본래 가지고 있는 자성불(지혜), 즉 선하고 지혜로운 마음을 일깨우고 나와 남을 동시에 이롭게 할 수 있는 능력을 함양시키며 자연의 모든 생명들을 지각하는 교육을 실천하기 위하여 자연친화 교육과 아동의 흥미에 부합한 다양한 명상활동을 실시한다.

특이사항

'살아있는 모든 생명은 나의 친구'라는 주제하에 숲 체험활동, 사람과의 교감명상, 텃밭 · 꽃밭 가꾸기, 산책놀이 등의 활동을 하고 있으며, '명상활동(내 마음 다스리

6

8

7

9

4. 마당으로 연결되는 1층 삐아자(광장)는 모든 교실에서 시각적으로 서로 연결된 열린 형태의 공간을 형성함
5. 1층의 소극장은 삐아자(광장) 쪽으로 열려 있어 공간의 연결을 통해 다양한 공간을 아동들이 자연스럽게 경험하게 됨
6. 아동들이 연령과 상관없이 함께 어울릴 수 있는 광장인 삐아자(광장)를 향하여 5개의 직육면체 교실들이 블록처럼 연결됨
7. 1층 소극장 내부는 나무와 노출콘크리트 등 다양한 재료와 색을 사용하여 흥미로운 공간으로 연출됨
8. 2층 삐아자 중앙의 둥근 천창과 책꽂이
9. 1층 삐아자(광장) 위를 가로지르는 2층의 구름다리는 아동에게 매우 흥미로운 공간으로, 아동 눈높이에 그림을 전시하여 갤러리로 사용함

10. 아동사물함과 수납장이 있는 교실의 입구영역. 이곳은 교실보다 좁고 천장이 낮아 활동영역과 쉽게 구별되도록 함
10-1. 긴 바 형태의 손잡이와 낮은 창이 있는 교실 출입문
10-2. 입구영역의 아동사물함과 2층 공간으로 올라가는 계단

기)'을 주제로 어린이 오계지킴이, 다도명상/요가명상/걷기명상/물명상, 나의 마음 지혜명상, 사랑의 마음 나누기 등의 활동이 전개된다. '도서활동(책에서 배우는 어린이)'에는 올바른 독서활동 능력 기르기, 책을 소중히 여기고 관심 가지기, 가족과 함께 책 읽기 등의 다양한 활동이 있고, '나의 생각, 느낌, 창의적으로 표현하기'의 주제로 미술활동을 통한 다양한 표현활동, 작품감상 및 전시회, 동시 및 그림동화 제작 및 발표하기, 인형극과 동극 공연하기, 즉흥 음악회 개최하기 등을 하고 있다.

또한 숨 쉬며 살아있는 공간이 제3의 교실의 역할을 하도록 공간이 주는 즐거움을 충분히 활용하고 있다. 출입구에서부터 어울마당, 카페테리아, 복층구조로 되어 있는 교실, 아뜰리에, 삼각거울, 실내정원, 소극장, 구름다리 등이 있어 아동들이 다양한 형태의 공간에서 모험과 탐험을 통해 자연스럽게 공간과 형태에 대한 감각을 키우고 즐겁게 생활하고 있다.

배치특성

경산 신도심에 위치하고 있는 운문유치원은 주거, 상가, 도로, 학교들이 주변을 둘러싸고 있으며 뒤쪽으로 근린공원이 있는 야트막한 야산의 한 모퉁이에 자리하고 있어 주변도로와 6~7m의 높이차가 있다. 도로에 접한 지하 1층 근린생활시설이 기단이 되고 그 위로 1, 2층의 유치원 공간이 얹히는 형태로 되어 있다. 유치원 현관에서 긴 램프를 따라 올라가면 유치원 공간이 시작되는 주출입구가 있으며 중심 공간인 삐아자(광장)와 각 교실로 들어가게 된다. 유치원은 공원 쪽 마당을 중심으

11

11. 교실 내부는 한쪽 벽면 전체가 창으로 되어 있어 채광이 좋으며 외부와 내부를 시각적으로 연결되도록 함

11-1. 교실 옆면에 설치된 삼각형의 작은 알코브

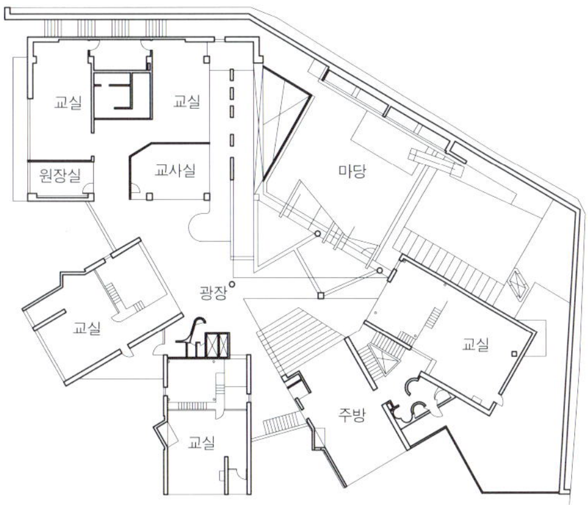

1층 평면도

11-1

로 마치 활짝 펼친 손가락처럼 5개의 교실과 손바닥의 홀이 연결되어 있으며 시각적으로 연결되도록 하여 외부와 내부, 내부와 내부가 서로 적극적으로 소통할 수 있는 열린 형태의 공간을 형성하고 있다.

평면특성

건축가는 아동에게 공간의 집합과 분산을 통해 도시와 사회의 구조를 체험하는 기회를 제공하고자 하는 의도로 유치원 평면구성을 5개의 분할된 공간과 중앙의 홀로 연결시켜 마치 활짝 펼친 손의 형상을 만들었다. 외부와 내부공간은 예각으로 된 공간과 나무와 벽돌, 노출콘크리트 등 다양한 재료가 가지고 있는 색과 질감을 그대로 사용하고 낮은 채도로 하여 복잡하지 않고 안정감을 주면서 자연스럽게 아동의 다채로운 호기심을 자극하는 공간을 형성하고 있다. 광장을 중심으로 5개의 직육면체의 교실들이 블록처럼 연결되어 있다. 원형과 삼각형 등 여러 형태의 천창을 통해 빛이 들어오고, 아동은 소극장과 구름다리 등 다양한 놀이공간으로 이동하게 된다. 광장은 각 블록의 교실에서 생활하는 아동들이 연령과 상관없이 함께 어울릴 수 있는 공간이다.

각 교실 입구영역은 좁고 낮은 공간으로 만들고 아동사물함을 두어 교실의 활동영역과 쉽게 식별되도록 하였다. 그리고 교실의 활동영역은 다시 천장이 높고 넓은 주활동공간과 조용한 활동을 위한 위아래층으로 된 천장이 낮고 아늑한 공간으로 분리하여 활동 프로그램의 성격에 따라 공간을 적절하게 활용할 수 있도록 하였다. 또한 두 교실 사이에는 함께 사용하는 제3의 공간을 두어 서로 다른 연령의 아동들이 쉽게 만날 수 있는 유연한 공간을 제공하고 있다.

- **1층** : 현관, 교실 3, 아동화장실, 식사실, 소극장, 삐아자(광장), 원장실, 행정실, 실내정원
- **2층** : 교실 4, 아동화장실, 삐아자(광장), 강당
- **3층** : 자료실
- **지하** : 회의실, 기계실

12. 교실 일부를 2개의 층으로 나누어 높고 낮은 공간, 크고 작은 공간에서 활동의 성격에 따라 영역을 적절하게 분리하여 사용하도록 하되 시각적으로는 연결됨
    12-1. 아뜰리에로 사용하는 2층 공간
    12-2. 읽기 등 조용한 활동을 위한 영역의 알코브

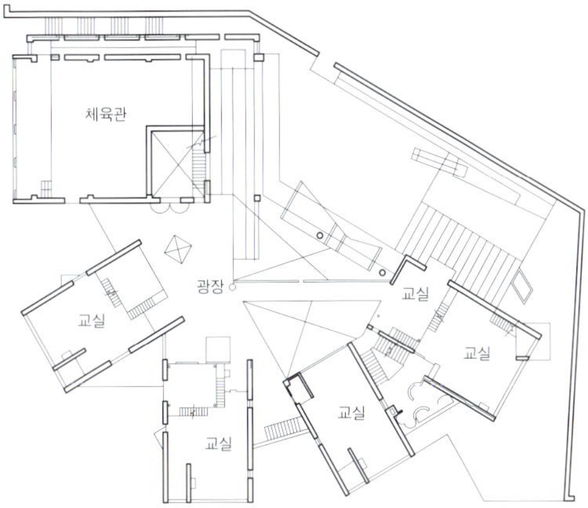

2층 평면도

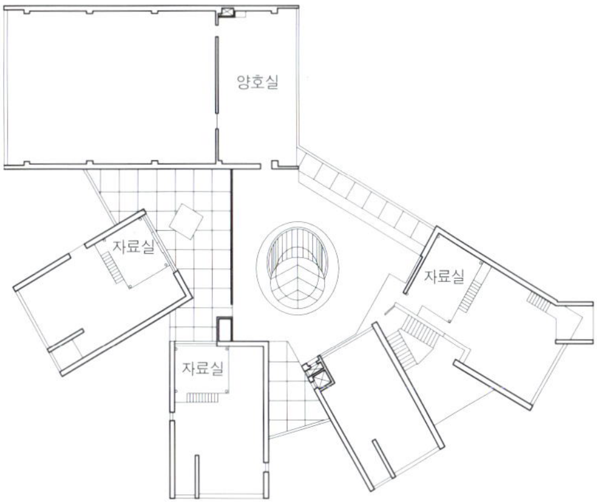

3층 평면도

13

13-1

13-2

13-3

13-4

13. 세면대, 소변기, 대변기를 유선형의 벽으로 자연스럽게 분리한 아동용 화장실은 복도에 열린 형태로 되어 있으며 옥외정원과 바로 연결되어 채광과 조망이 좋고 사용이 편리함

13-1. 2층 복도에 있는 또 다른 형태의 아동용 화장실

13-2. 변기

13-3. 세면대

13-4. 소변기

14

15

16

17

14. 교실과 연결되어 있는 독립된 아뜰리에
15. 주출입구에 위치한 사무실
16. 둥근 식탁과 테이블보로 즐거운 식사 분위기를 연출한 카페테리아
17. 대강당은 천창이 있어 채광이 좋으며, 예각의 공간으로 만들어 아동들이 색다른 경험을 할 수 있도록 함

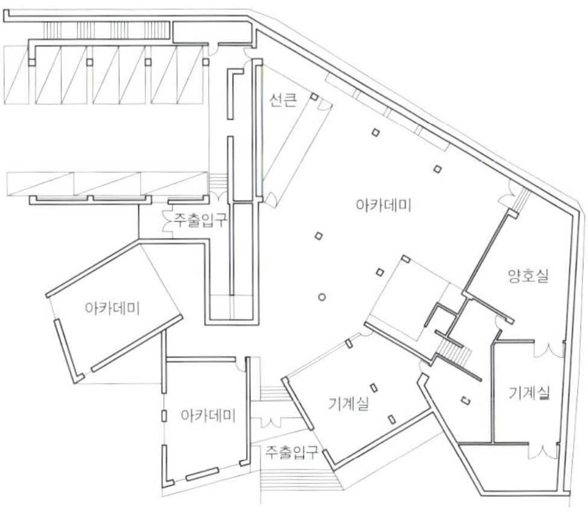

지하 평면도

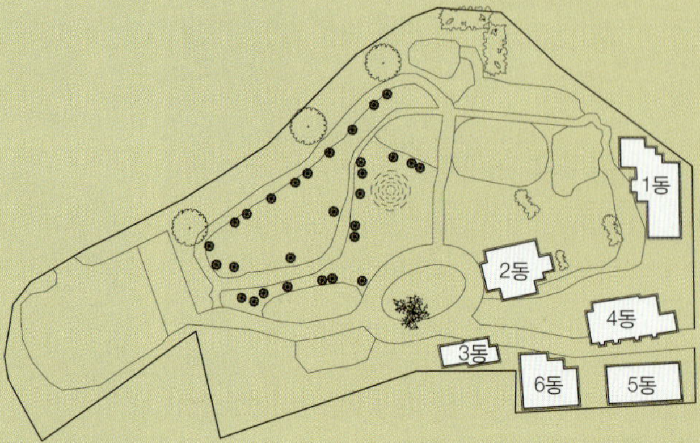

전원유치원

전통마을 형태로 구성된 실외놀이터

| **위치** 대전 유성구 구암동 420-4번지 | **시설유형** 사립 유치원 | **설립연도** 1983년 | **건물유형** 단독건물 | **층수** 지상 1층 2개동, 2층 3개동, 3층 1개동 |
| **대지면적** 14,037㎡ | **건축면적** 1,308㎡ | **연면적** 1,924.6㎡ | **실외놀이터면적** 12,729㎡ | **아동 1인당 시설면적** 5.2㎡ |
| **운영시간** 반일반 오전 9시~오후 2시 30분, 종일반 오전 8시~오후 7시 | **아동 수** 375명 | **종사자 수** 54명(원장 1명, 원감 1명, 교사 20명, 보조교사 15명, 종일반 하모니선생님 4명, 행정실장 1명, 도서관장 1명, 영양사 1명, 조리사 1명, 조리원 2명, 운전기사 5명, 관리사 3명)
| **반 편성 만 3세**: 4개 반 / 정원 100명 / 교사(보조교사) 7(6)명 | **만 4세**: 4개 반 / 정원 125명 / 교사(보조교사) 7(7)명
| **만 5세**: 4개반/정원 150명/교사(보조교사) 6(6)명

1

2

설립목적

전원유치원은 대전시 유성구 지역 아동의 유아교육을 위하여 설립된 사립 유치원이다.

프로그램 목표

국가수준의 유치원 교육과정에 충실하면서 동시에 자연친화적인 교육과 우리 고유의 전통문화에 기초한 유아의 정체성을 심어주는 교육을 통하여 '맑고 밝고 바른 어린이'를 길러내고자 한다.

프로그램 철학 및 내용

전원유치원에서는 유치원 교육과정에 충실하면서 동시에 자연친화적이고 아동에게 자신의 정체성을 알게 하는 전통문화를 심어주는 교육 프로그램을 실시하고 있다. 원장이 추구하는 '기본에 충실한 유치원 교육과정'은 아동이 마음껏 뛰어놀고 선생님과 스스럼없이 상호작용할 수 있는 분위기 속에서 이루어진다고 한다.

영국 섬머힐 학교의 니일 선생님을 가장 존경한다는 원장이 가장 중요하게 생각하는 것은 '아동이 행복한 유치원 만들기'이다. 이를 위하여 유치원의 모든 프로그램을 계획하고 구상할 때 "어떻게 하면 아동을 가장 행복하게 해 줄까?"를 가장 먼

1. 가장자리에 큰 나무로 울타리를 만들어 아늑하게 조성된 통나무숲
2. 실외놀이터의 한가운데에 조성되어 개방감을 주는 축구장
3. 아동이 기어 다니면서 안과 밖을 경험할 수 있는 터널
4. 실외놀이터 입구에 조성된 소나무숲 산책로에서 방아개비를 찾는 모습
5. 실외놀이터에 있는 조각물 앞에서 자연스러운 놀이가 이루어지는 모습

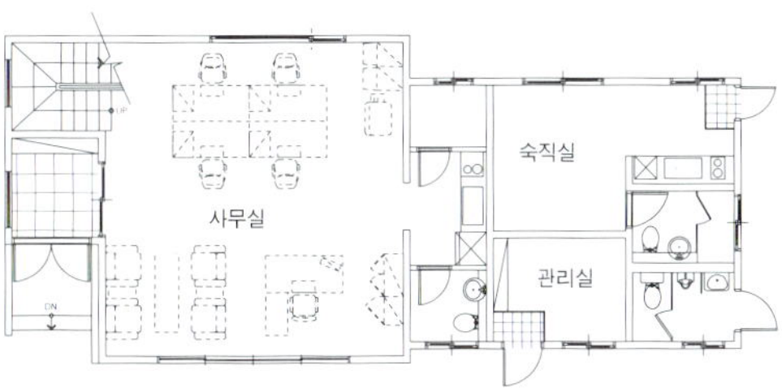

3동 1층 평면도

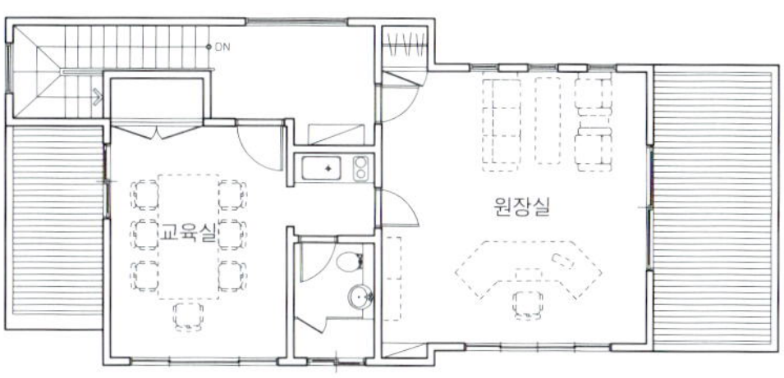

3동 2층 평면도

6

7

저 생각한다고 한다. 특히 유치원 고유의 장소성을 중요하게 생각하고 30년 동안 수많은 아동의 발길과 역사적 기운이 이곳에 담겨 있다는 점을 강조하고 있다.

전원유치원은 여러 채로 구성된 유치원 건물과 넓은 실내외놀이공간이 특징이다. 이러한 구조는 원장이 어린 시절에 살았던 시골마을의 모습을 재현하고자 그의 계획된 의도에 따라 설계된 것이다. 따라서 유치원 전체 건물에 사용된 색감도 추수할 무렵의 논과 밭을 상징하는 것으로, 초록과 황금빛이 눈에 띈다. 여섯 동의 건물로 이루어진 교실들은 마치 하나의 작은 마을과도 같다. 이 건물 안에 있는 교실들은 각 반마다 알코브(alcove)나 로프트(loft) 등을 이용하는 등 내부공간 구성을 다르게 계획하여 각 반의 아동들이 다양한 공간을 경험하도록 하였다. 또한 다른 유치원에는 없는 독립된 도서관 건물을 두어 아동이 책을 가까이 할 수 있도록 많은 동화책을 보유하고 있다.

전원유치원은 넓게 조성된 실외놀이터에서 마음껏 뛰어 놀 수 있는 실외놀이를 매우 강조하는 프로그램을 운영하고 있다. 아동이 좋아하는 실외놀이를 자유롭게 하면서 행복감을 느끼고 창의적인 사고를 기를 수 있도록 매일 오전과 오후 두 번씩 자유선택활동시간을 운영하고 있다. 미끄럼틀과 그네 등 기본적인 놀이기구 이외에 아동의 요구를 반영하여 디자인한 미로나 터널, 흙무덤과 건물 사이에 있는 흙마당, 넓은 모래놀이터, 야외도서관, 동물장, 숲 산책로, 음률영역 등 아동이 창의적으로 놀 수 있는 공간들이 다양하게 제공되고 있어 아동의 다양한 놀이가 끊임없이 이어지고 있다. 또한 각 반마다 배추나 무 등을 가꾸는 텃밭영역이 있어서 가을에는 직접 추수한 채소로 김장을 담그는 이벤트를 한다. 30여 년 전부터 해마

8

9

6. 아동이 동물들과 상호작용할 수 있는 대형 동물사육장
7. 여러 가지의 일상생활용품을 놀잇감으로 제공하여 놀이의 흥미를 더해 주는 모래놀이영역
8. 다양한 놀이 기회를 제공하여 아동이 선호하는 놀이기구 중 하나인 미로
9. 아동에게 작은 산의 역할을 하면서 다양한 오르내리기 경험을 제공하는 흙무덤

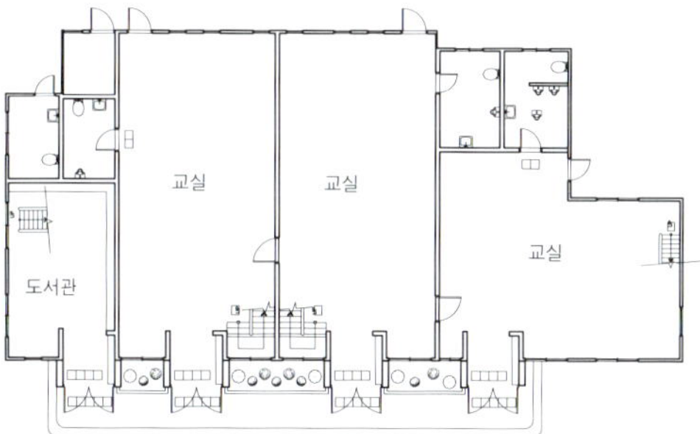

4동 1층 평면도

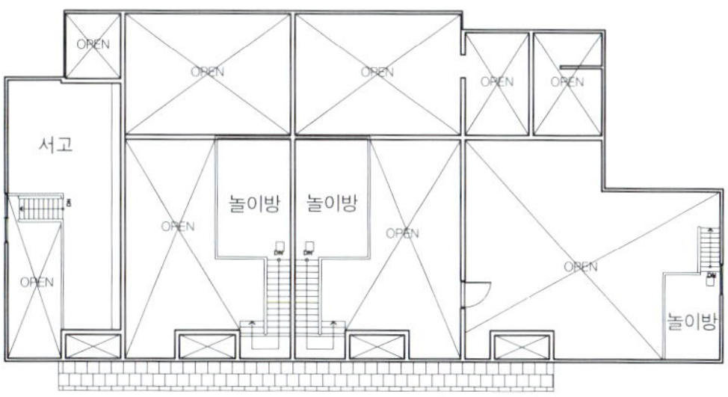

4동 2층 평면도

다 나무를 심었다는 이 유치원은 현재 실외놀이터 내에 작은 소나무 숲이 조성되어 있으며, 소나무뿐 아니라 수많은 종류의 나무와 꽃들이 있어 아동이 철따라 많은 식물과 나무를 직접 경험하고 볼 수 있다.

또한 '시골생활'이라는 실제 특별 프로그램으로 아동을 1박 2일 동안 유치원에서 조금 떨어진 시골로 데리고 가 진짜 시골생활을 경험하도록 한다. 이를 위하여 자체적으로 관리하는 시골생활 체험장을 따로 마련해 두고 있다. 한편 아동의 정체성을 심어주기 위한 교육으로 전원유치원에서는 전통문화교육과 전래놀이를 정기적으로 실시하고 있다. 그 예로 한 달에 한 번 한복을 입고 오는 날을 정하여 한복을 입고 생활하면서 자연스럽게 우리나라의 전통의상에 익숙해지도록 한다. 또한 강당에 모여서 정기적으로 국악수업을 받으면서 우리 악기에 익숙해지고 강강술래, 무궁화 꽃이 피었습니다, 사방치기, 달팽이 같은 전래놀이도 생활화되어 있다.

특이사항

넓은 실외놀이터를 조성하여 아동이 매일 실외놀이 활동을 활발하게 할 수 있고, 유치원 주변에 소나무 숲을 만들어 아동뿐 아니라 학부모들도 산책할 수 있도록 하고 있다. 유치원 건물이 여러 채로 구성되어 있어 연령별로 독립적이며, 아동이 실외와의 접근성이 용이하다.

배치특성

전원유치원은 1983년 9월 개원, 보육원을 개보수하여 유치원으로 사용하면서 지속적으로 이를 증개축하고, 2002년에 전면 보수하여 현재 6개 동에 이른다. 건물의 구성이 오래된 단층 목조건물에서부터 3층 벽돌건물 등 6개의 건물이 다양하게 분산 배치되어 전통적인 마을의 구성형식을 보여준다. 사무동 한 개를 제외하고 5개 동이 교실로 이루어져 있으며, 동과 동 사이에는 실외공간을 두어 중간놀이터 또는 완충공간으로 활용되고 있다. 그리고 주차장과 유치원 담장이 연결된 부분에서부터 건물에 이르기까지 전면에 실외놀이터가 넓게 조성되어 있다.

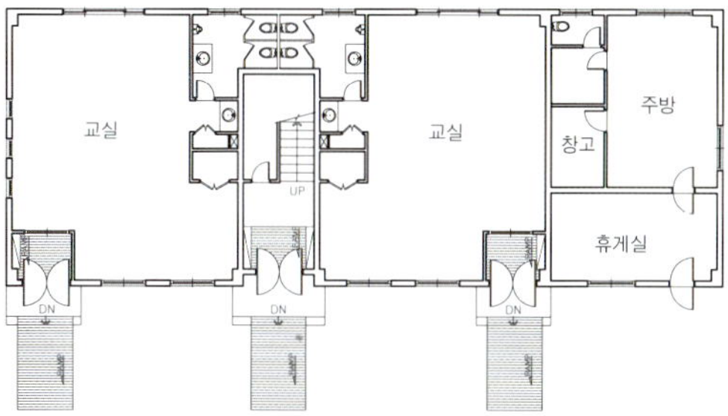

5동 1층 평면도

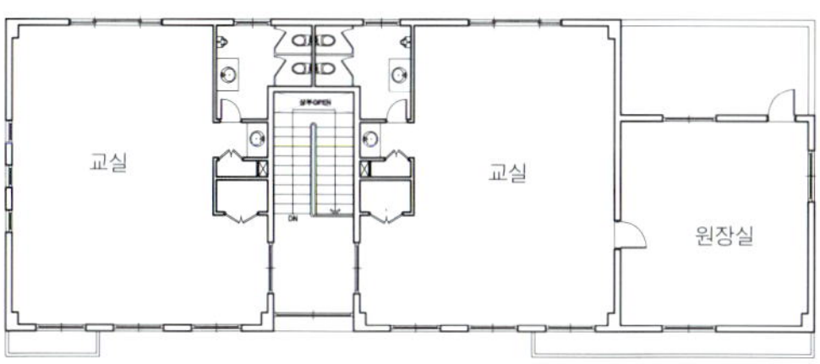

5동 2층 평면도

10. 숲 산책로 옆 텃밭은 여러 가지 채소를 기르는 재배학습과 경험의 기회를 동시에 제공함

11. 2층 놀이집과 천창, 알코브 등 다양한 공간형태를 보여주는 교실

12

이러한 배치는 전통마을과 같은 불규칙하고 부정형한 형태와 가로공간으로 구성된다. 동네 어귀에 중앙 놀이광장의 개념을 도입하여 아동에게 늘 다양하고 새로운 놀이공간이 만들어지도록 계획하였다.

또한 건물 면적 이외에 별도의 실외놀이터가 조성되어 있다. 별도의 실외놀이터는 원장의 운영철학이 반영된 것으로, 아동이 유치원에서 마음껏 자유롭게 움직이면서 행복하게 뛰어놀 수 있도록 배려된 곳이다. 이 놀이터는 유치원의 놀이터라기보다는 동네 공원과 같은 분위기로, 다양한 영역들이 구성되어 있다. 가운데의 축구장을 비롯하여 모래놀이터, 동물장, 미로, 터널, 소나무 숲 산책로, 텃밭, 야외도서관, 음률영역, 놀이기구영역 등 다양한 놀이공간이 자연스럽게 연결되어 놀이의 연계가 잘 이루어질 수 있도록 계획되어 있다.

12. 야외에서 책을 보면서 친구들과 담소할 수 있게 만들어진 도서영역
13. 그네와 미끄럼틀, 평균대가 있는 놀이기구영역

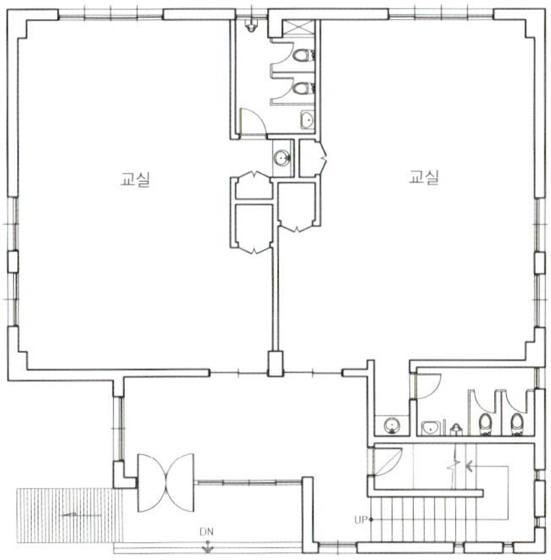

6동 1층 평면도

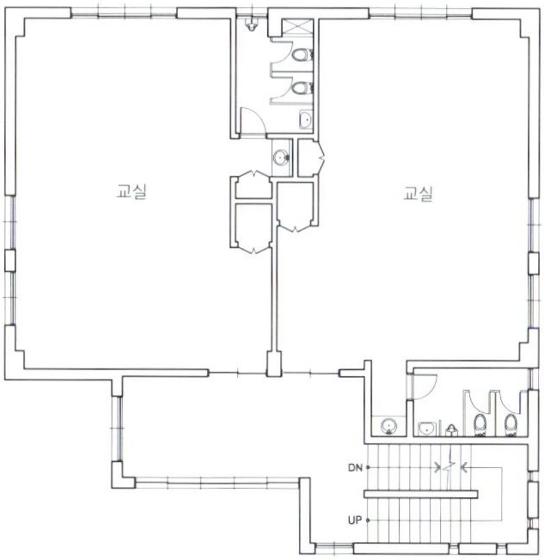

6동 2층 평면도

각 건물 및 평면특성

각 건물들의 평면유형은 실외에서 각 교실로 직접 진입할 수 있도록 되어 있으며, 각 교실 안에 화장실을 설치하고, 입구에는 세면대를 설치하여 손 씻기가 용이하다.

2층으로 된 4동 건물은 기존 건물의 특성을 그대로 살려 개조하였으며, 높은 층고를 활용한 복층형의 놀이방을 두어 아동이 계단을 통해 오르락 내리락하는 경험과 높은 곳에서 아래공간을 내려다보는 경험을 할 수 있게 하였다. 천장에는 채광창을 살려 천장을 통해 직접 빛이 들어오게 하거나, 하늘에 구름이 지나가는 모습을 실내에서 직접 볼 수 있도록 하였다. 또한 경사진 천장은 다양한 건물 형태만큼이나 내부공간에서도 다양한 공간을 연출하고 있다.

3층으로 된 6동 건물은 꼭대기 층에 명상실을 두어 천장을 피라미드 형태로 구성하여 밤하늘의 조명을 통하여 신비스럽고 고요한 느낌이 나도록 공간을 계획하였다. 계단실도 이야기가 있는 공간이 연출될 수 있도록 창문의 모양과 크기, 조명, 파스텔색 톤의 벽색을 다양하게 시도하였다. 이러한 시도는 아동의 흥미와 관심을 끌 수 있도록 매력적인 공간으로 디자인되어 있으며, 각 교실마다 목재와 밝은 벽지를 사용하여 가정처럼 편안하고 자연스런 분위기를 조성하고 있다. 각 교실의 평면은 정형화된 직사각형이 아니라 각 교실마다 알코브를 두어 공간 형태의 다양성을 주고 있으며, 벽에 사용된 재료도 교실마다 다르게 하여 분위기의 다양성을 주고 있다.

○ **1동** : 교실 2개, 화장실 2개, 현관, 다목적홀
○ **2동** : 교실 2개, 화장실 2개
○ **3동(2층)** : 현관, 사무실, 원장실, 부모 대기공간, 숙직실, 관리실
○ **4동(2층)** : 교실 3개, 화장실 4개, 도서관, 놀이방
○ **5동(2층)** : 교실 4개, 화장실 4개, 주방, 자료실
○ **6동(3층)** : 교실 4개, 화장실 4개, 유희실

14

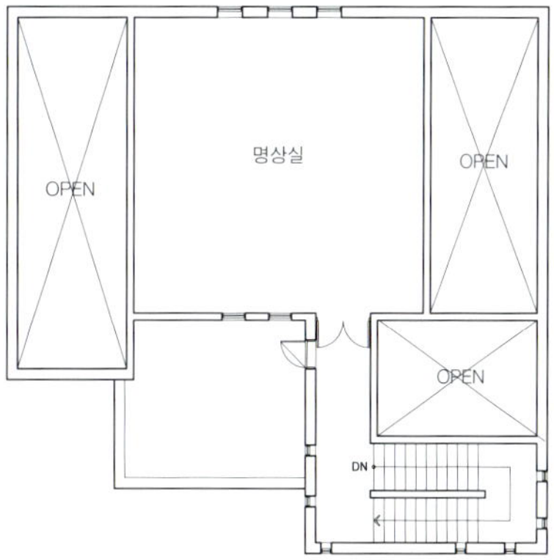

6동 3층 평면도

15

14. 놀이터에 있는 해바라기의 성장과정을 지켜보는 아이들
15. 건물들 사이에 만들어진 작은 놀이마당

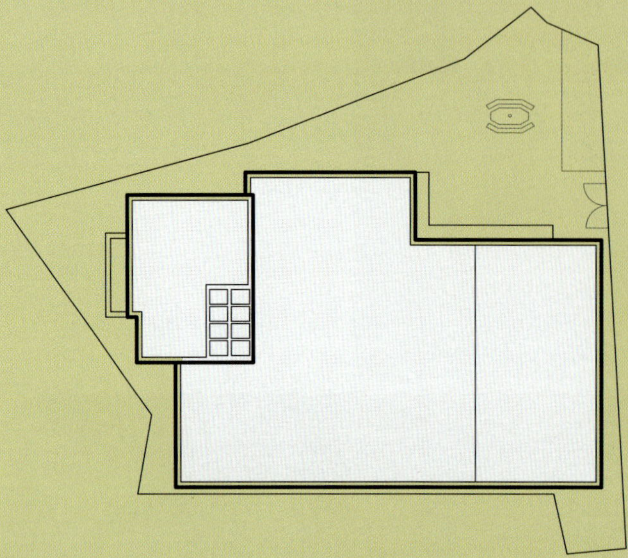

정민유치원

좁은 땅을 효율적으로 계획한 공간구성

위치 인천 부평구 산곡2동 252-19	**시설유형** 사립 유치원	**설립연도** 2008년	**건물유형** 단독건물	**층수** 지상 4층	**대지면적** 344.0㎡
건축면적 202.1㎡	**연면적** 598.9㎡	**실외놀이터 면적** 48㎡	**옥상놀이터 면적** 약 120㎡	**아동 1인당 시설면적** 4.3㎡
운영시간 오전 7시 30분~오후 2시 30분(종일반 오전 7시 30분~오후 6시 30분)	**아동 수** 146명	**종사자 수** 13명
반 편성 만 3세: 3개 반 / 정원 54명 / 교사 3명	만 4세: 2개 반 / 정원 46명 / 교사 2명	만 5세: 2개 반 / 정원 46명 / 교사 2명

사 랑 스

설립목적

정민유치원은 생명이 있는 모든 것을 소중히 여기고 존중하며 바른 성품을 기르도록 하고자 설립된 사립 유치원이다. 유아교육과정과 몬테소리 교육과정이 통합된 교육과정을 실천하여 아동의 바른 가치관과 세계관을 키우고자 하는데 목적을 둔다.

프로그램 목표

7차 유아교육과정과 몬테소리 교육과정이 통합된 프로그램을 적용함으로써 '행복한 성품 리더의 어린이', '더불어 사는 즐거움을 아는 어린이', '자신의 경쟁력을 사회에 공헌하는 어린이'로 키우고자 한다.

프로그램 철학 및 내용

정민유치원은 7차 유아교육과정에 몬테소리 프로그램을 통합해서 운영하고 있으며, 교사는 교재 없이 수업을 진행하는 것을 원칙으로 한다. 또한 유아교육과정의 주제와 연계되는 몬테소리교육과정을 적용하여 다양한 활동을 하고 있다. 아동들에게 단계적 지지를 해주면서 자유롭게 활동할 수 있는 공간과 시간을 제공해 주고, 많이 가르치기보다는 아이들이 가지고 있는 생각들을 끌어내려 하고 있다.

몬테소리교육은 아동이 감각기관을 사용하여 자기조정적인 교육이 가능하도록 고안된 몬테소리 감각교구를 사용한다. 자기교정적 교구가 아동 스스로 자신의 실수 또는 오류를 발견하여 자동교육이 이루지게 한다는 것이다. 따라서 몬테소리 프로그램을 운영하는 곳은 몬테소리 교구로 준비된 환경을 갖추어 놓아 아동 스스로 선택하면서 개별적인 활동들이 가능하도록 한다. 정민유치원도 아동들에게 필요한 환경을 제공해 주기 위해서 교실마다 몬테소리 교구를 풀 세팅해 놓았다.

1. 캐노피가 있는 현관 외부
2. 창 넓은 계단실과 계단 옆 부모 대기공간
3. 투시형 창문으로 된 교실 출입문
4. 몬테소리 교구가 배열된 교실 전경

5

6

특이사항

정민유치원은 몬테소리교육을 실시하고 있다. 원장은 과거 민간어린이집 중 공동주택어린이집을 위탁받아 여러 시설에서 운영하면서 물리적 시설의 문제를 절실히 느꼈다고 한다. 그로 인해 아동에게 적합한 환경을 만들어 주기 위하여 장기적인 관점으로 단독 건물의 유지관리비용을 고려한 후 처음 지을 때 잘 짓자는 생각으로 설립하였다고 하며 구석구석 유아교육에 대한 원장의 철학과 환경에 대한 배려가 돋보인다. 2011년 5월까지 민간어린이집으로 운영하다가 6월부터 유치원으로 전환하여 운영하고 있다.

배치특성

주택가 골목길에 위치하고 있으며, 12m 길이의 주도로와 4m 길이의 부도로가 2개 있어 세 면이 도로에 둘러 싸여 있다. 남쪽에 도로가 있어 건물을 최대한 남쪽에 위치시켜 교실에 일조가 잘 되게 하였고, 대문에서 현관까지 진입공간과 실외놀이터를 북쪽으로 확보하여 좁은 대지면적을 최대한 활용하고 있다. 대문에서 현관까지를 투명 아크릴로 덮어 비가 올 때 비를 피할 수 있는 캐노피로 사용하게 하였다. 외부공간은 넓지 않은 면적임에도 불구하고 작은 모래밭과 우레탄 포장 바닥면이 있고 작은 미끄럼대, 화단을 설치하여 집과 같은 외부공간을 조성하였다.

5. 1층 교실의 아동 사물함과 수납장이 일체식으로 된 붙박이장

6. 2층 만 3세 교실의 몬테소리 교구장

7. 주문 제작하여 모든 교실에 설치한 다용도 세면대

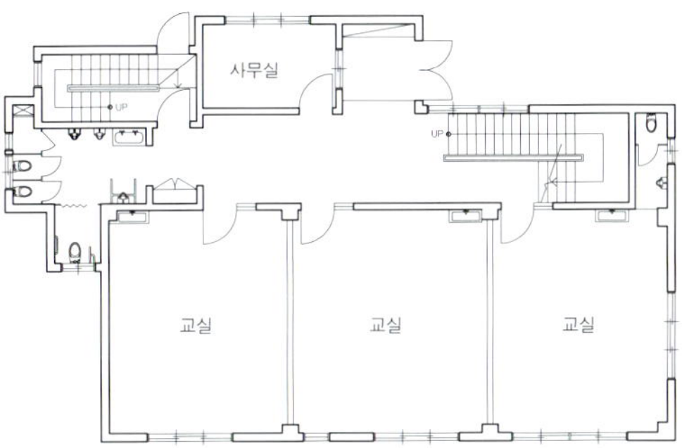

1층 평면도

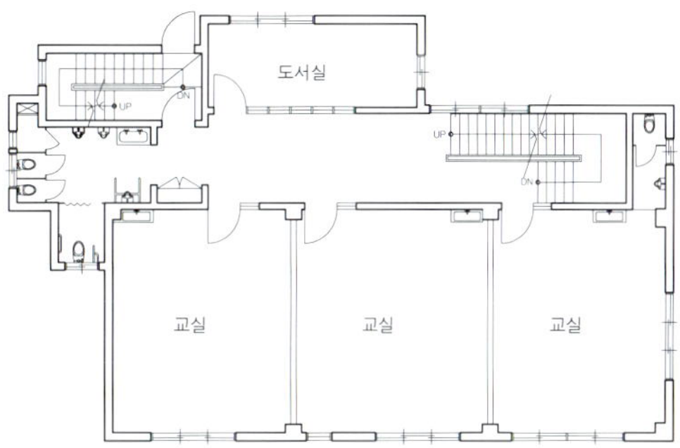

2층 평면도

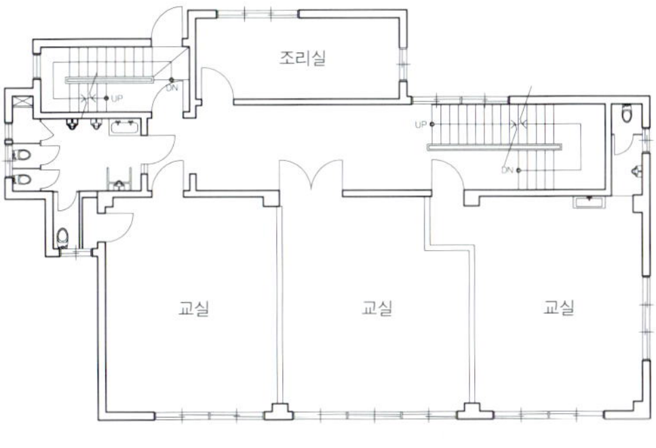

3층 평면도

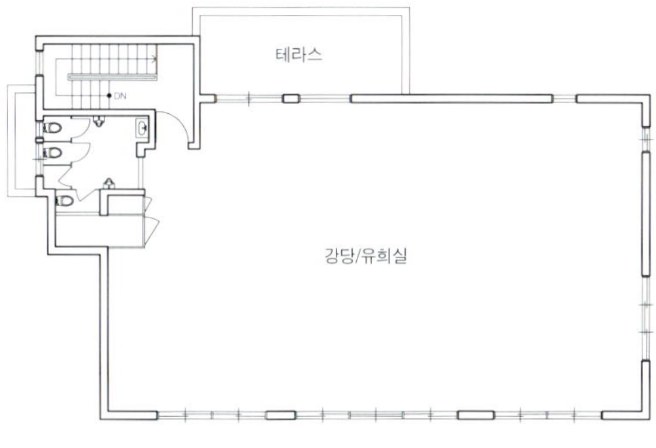

4층 평면도

평면특성

복도를 중심으로 하는 중복도형으로, 남쪽에는 교실을 모두 배열하고, 북쪽에는 계단이나 화장실 · 원장실 · 도서실 · 조리실 등 교실 이외의 실을 배열하는 방식이다. 남향으로 배치된 모든 교실은 창이 많아 밝으며, 일조가 잘 되고 있다.

○ **1층** : 현관, 사무실 겸 원장실, 교실 3개, 화장실 2개(1개는 교실 내)
○ **2층** : 교실 3개, 도서실, 화장실 2개(1개는 교실 내)
○ **3층** : 교실 3개, 조리실, 화장실 2개(1개는 교실 내)
○ **4층** : 강당/유희실, 화장실, 테라스

남향으로 배치된 각 층 교실은 일조가 잘 되고, 두 교실 사이에는 전체 붙박이장을 설치하여 수납장소가 충분하다. 각 교실에는 몬테소리교구가 영역별로 설치되어 있고, 교구장에는 바퀴가 달려 있어 점심시간에는 교구장을 이동하여 식탁으로 사용할 수 있어 가변적 공간이용이 가능하다. 각 교실에는 주문 제작된 세면대(인조대리석)가 있어 아동별 간식 덜어먹기와 그릇 씻기가 가능하고 손을 씻을 수도 있다. 또한 3층에 넓은 유희실을 두어 신체적 활동이 활발히 이루어질 수 있다.

좁은 면적을 최대한 활용하여 1층 계단 아래 부분은 외부손님 대기공간으로 사용하고, 각 층 복도 끝에는 붙박이장을 설치하여 교재 · 교구를 보관하고 있다.

8. 놀이와 다양한 활동이 가능한 4층 강당/유희실

9. 샤워기가 달린 세면대를 주문 제작하여 설치한 화장실

10. 놀이터의 작은 미끄럼틀과 화단

11. 놀이터의 소규모 모래놀이영역

12. 건물과 담장사이 식물재배장

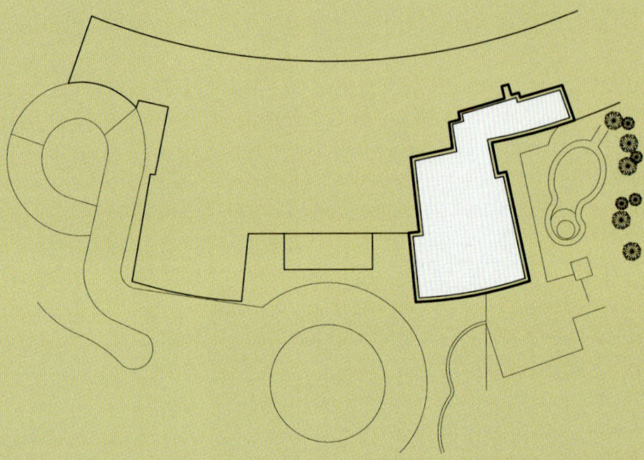

노블카운티 삼성어린이집

특화된 노유세대 교류프로그램

| **위치** 경기도 기흥구 하갈동 490 | **시설유형** 법인 어린이집 | **설립연도** 2001년 | **건물유형** 복합건물(노블카운티 리빙플라자 내부) | **층수** 지상 1층 |
| **대지 면적** 1,980㎡ | **연면적** 910.8㎡ | **실외놀이터 면적** 60㎡ | **아동 1인당 시설면적** 6.6㎡ | **운영시간** 오전 7시 30분~오후 7시 30분 | **아동 수** 137명 |
| **종사자 수** 16명(교사 12명, 원장 1명, 간호사 1명, 사무원 1명, 배선원 1명) | **반 편성** **만 1세**: 1개 반 / 정원 10명 / 교사 2명 | **만 2세**: 1개 반 / 정원 21명 / 교사 3명 | **만 3세**: 1개 반 / 정원 30명 / 교사 2명 | **만 4세**: 1개 반 / 정원 36명 / 교사 2명
| **만 5세**: 1개 반 / 정원(장애아동) 40(3)명 / 교사(장애전담교사) 3(1)명

삼성노블카운티 어린이집
FamilyMart

설립목적

노블카운티 삼성어린이집은 '함께 잘 사는 사회'라는 삼성의 제2창업이념을 구현하기 위하여 1989년 설립된 삼성복지재단에서 위탁 운영하는 전국 50여 개의 삼성어린이집 중 하나이다. 삼성생명공익재단에서 운영하고 있는 복합실버타운 노블카운티 내에 위치하고 있으며 인근 영통, 용인 지역의 주민과 아동을 위한 어린이집이다.

프로그램 목표

삼성어린이집의 대표적인 프로그램인 놀이중심, 아동중심 보육 프로그램을 기본으로 운영하며, 2년 전부터 인근 지역 장애아동을 위한 장애 통합 프로그램도 실시하고 있다. 또한 실버타운 내에 입주한 환경적 특징을 고려하여 '세대 간 교류 프로그램'을 개발·실시하고 있다. 따라서 아동이 노인에 대한 긍정적 태도와 정확한 정보 및 지식을 갖게 하고 웃어른에 대한 예의 규범을 배우며 노인의 삶과 지혜를 배우도록 하고 있다.

프로그램 철학 및 내용

전국에 있는 50여 개의 삼성어린이집은 영유아 프로그램을 기본으로 지역의 특성, 시설장, 교사의 구성에 따라 중점 프로그램을 각 어린이집별로 정하여 운영한다. 가장 기본이 되는 영유아 프로그램은 대상 아동과 지역 특성에 따라 구분하는데, 지역사회의 중산층 아동을 대상으로 하는 아동중심 보육 프로그램, 저소득층 지역의 아동을 대상으로 하는 포괄적 보육 서비스, 장애아동을 위한 장애아 통합 프로그램으로 구성된다. 일반 중산층 아동을 대상으로 하는 아동중심 보육 프로그램은 영유아의 발달에 적합하고 놀이를 중요한 학습 매체로 하는 삼성의 대표적 영유아 프로그램이다. 저소득층 아동을 대상으로 하는 포괄적 보육 서비스는 영유아의 보호와 교육뿐 아니라 사회복지사를 별도로 배치하여 부모지원과 지역사회 연계 등의 사회복지 서비스를 제공하는 프로그램이다. 장애 통합 프로그램은 장애아동의 건강한 성장을 위해 일반아동과의 통합을 실시하고, 이와 함께 장애아동 특성에 따른 개별화 프로그램을 계획하여 적용한다.

1. 부모 대기공간으로 활용되는 현관입구의 넓은 홀
2. 작은 놀이집과 휴식영역이 있는 영아보육실

노블카운티 삼성어린이집에서는 기존의 삼성어린이집이 오랜 기간 운영하며 질적 우수함이 검증된 삼성의 아동중심 보육 프로그램과 장애 통합 프로그램 외에 노블카운티 삼성어린이집만의 지리적 특수성에 따라 세대 간 교류 프로그램을 실시하고 있다. 세대 간 교류 프로그램이란, '어르신에게는 보람을, 아이들에겐 사랑을'이라는 취지로 노인과 아이들이 함께 공유할 수 있는 보육활동을 통해 세대 간 상호작용의 기회를 체계적으로 다양하게 제공하는 프로그램이다.

지난 10년간, 주변에 거주하는 어르신들을 보육 프로그램으로 연계하여 프로그램을 실시하고자 세대교류 프로그램을 전담하는 사회복지사 1명이 어린이집에 상주하면서 프로그램을 개발 · 조정하며 행사를 진행하고, 교사들과 함께 평가하고 있다. 아동은 만 4세부터 '이웃'이라는 생활주제를 다루면서 노블카운티 내부에 있는 은행, 쇼핑센터, 우체국 등을 사회복지사와 함께 둘러보며 나의 동네와 이웃으로서 노블카운티와 그 곳에 거주하는 노인들을 탐색하기 시작한다. 노인들은 크게 건강한 노인들이 독립적으로 생활하는 주거동(타워동)과 건강상의 문제로 치료를 받고 있는 요양동(노싱홈)으로 구분되는데, 만 5세 유아부터 노인들과 본격적인 교류를 시작한다.

추석 등의 민속행사가 있거나 어린이날, 어버이날과 같은 특별한 날에는 어르신들을 어린이집으로 초대하여 유아들이 준비한 작품이나 활동을 보여드리고 어린이집을 소개한다. 또한 계절에 따라 김장 담그기, 떡 만들기 행사에 어르신을 초청하여 유아들과 함께 활동하기도 하고 실버타운에서 운영하는 문화센터 클래스를 활용하여 아동과 노인이 함께 도자기 공예, 한지 공예 등을 배워서 작품활동을 하고 함께 전시회를 열기도 한다. 이러한 프로그램은 상황에 따라 해마다 변경된다.

어린이날을 중심으로 희망하는 어르신 1명과 아동 4~5명이 결연을 맺고, 1년 동안 교류하는 프로그램도 있다. 교류의 주 내용은 어르신 댁 방문, 식사초대, 혹은 산책을 함께 하면서 시간을 보내는 것이다. 건강하게 노년을 맞아 그동안 쌓아온 인생의 경험을 사회에 환원하고 싶어 하시는 어르신들은 이러한 결연 활동을 통해서 아동에게 사랑을 표현하고 자신의 재능을 전수한다. 한편, 치매와 장기질환으로 요양원에 거주하는 어르신들에게는 아동이 정기적으로 방문하는 프로그램을 실시하는데 어르신을 대상으로 하는 놀이치료나 레크리에이션에 아이들이 참여함으로써 어르신들의 치료효과를 높일 뿐 아니라 아동들은 새로운 놀이를 할 수 있고, 타인을 배려하는 경험을 얻게 된다.

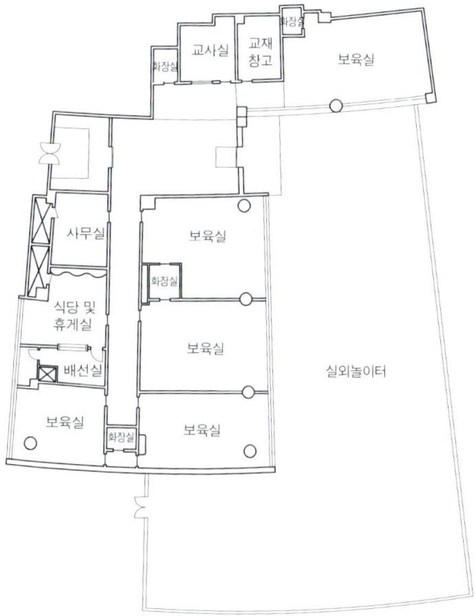

평면도

3. 보육실 내부가 잘 보이도록 투시형으로 구성한 출입문

4. 배선실의 카운터를 이용하여 식당에서 식사를 함

원장은 세대교류 프로그램이 어린이집에서 흔히 볼 수 없는 프로그램으로, 세대교류 접근을 통해 노년을 바라보는 아동의 시각이 변화하고, 이러한 아동은 비록 어리기는 하지만 미래를 설계하고 인생을 통합적으로 바라보는 눈이 길러진다고 말한다. 실제로 이 어린이집에서 실시한 노인에 대한 아동의 인식조사 결과, 아동은 노인에 대해 거부반응이 없고 적응과정을 거쳐 어르신과 좋은 관계를 형성하고 있었다.

특이사항

도심에서 다소 떨어진 곳에 위치하며, 대규모 노인복지시설의 일부로 되어 있어 영유아시설이라는 시각적 인지도는 다소 낮다. 하지만 질적 수준이 높고 대지가 매우 넓으며 외부공간이 잘 조성되어 있는 법인시설로서 우수한 어린이집으로 인식되어 지원자가 많다고 한다.

노블카운티 내에 입주하고 있으며 거주동, 요양원과 연결통로가 있어 노인들이 이동하면서 어린이집을 볼 수 있다. 또한 어린이집에서 노블카운티 내 문화센터나 스포츠센터 프로그램 교류가 이루어지며, 이로 인해 아동들이 노인들을 쉽게 만날 수 있다.

노블카운티 삼성어린이집은 문화센터와 스포츠센터가 있는 리빙플라자 1층에 위치하며, 신체활동은 문화센터의 지하층 체육실과 수영장을 이용하고, 종사자 회의 시에는 2층 세미나실을 이용할 수 있다. 일반 어린이집과 달리 조리실은 없으며 노블카운티에 입주한 에버랜드 취사팀에서 식단을 구성하고 조리하여 배식하고 있다. 그리고 주변에 조성된 공원과 산책로 등 녹지가 많은 자연환경으로의 접근용이성을 활용하여 생태교육 프로그램도 실시하고 있다.

또한 2명 이상의 팀 담임제로 종일반을 운영하여 교사의 수업준비시간을 확보하고, 서로 보충하는 역할을 해주고 있다.

배치특성

노블카운티는 2동으로 된 타워형의 거주동, 1동의 요양원, 리빙플라자로 이루어져 있고 어린이집은 리빙플라자 1층 내부에 있다. 노인시설과 어린이집이 함께 있는 노유세대교류 프로그램이 물리적 환경으로 가능하도록, 리빙플라자는 거주동과

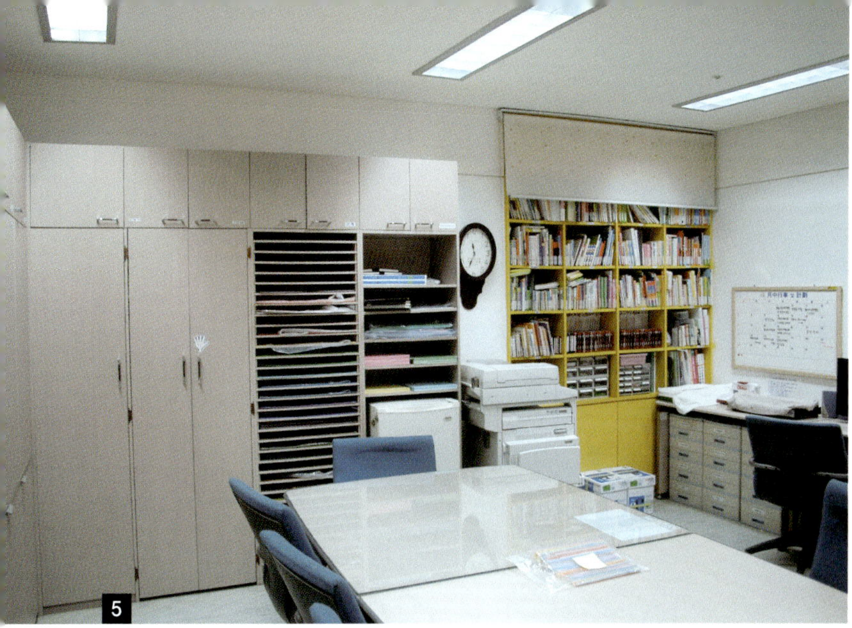

5. 넓은 테이블과 수납장이 있는 교사실

6. 놀이터 상부에 주거동 연결통로가 있어 어르신들이 아동을 볼 수 있음

요양원의 중앙에 위치하고 2층에 연결통로가 있으며, 이로 인해 노인들은 거주동과 요양동을 이용하면서 어린이집을 볼 수 있다.

노블카운티 내에는 넓게 조성된 공원과 산책로 등 녹지가 많아 자연환경으로의 접근성이 용이하며, 리빙플라자 앞에는 넓은 연못이 있어 오리와 물고기 등을 볼 수 있다.

리빙플라자 1층의 주출입구로 들어가면 전시장을 겸한 넓은 홀이 있고, 우측에 어린이집이 위치하여 넓은 홀을 어린이집 전시공간으로도 사용하고 있다. 노인들은 문화센터나 스포츠센터 이용 시 자연스럽게 아동을 볼 수 있으며, 외부 놀이터는 주거동과 요양동에서 모두 내려다 볼 수 있다.

평면특성

리빙플라자 1층의 일부인 복합건물의 단점을 최대한 보완할 수 있도록 어린이집 평면은 'ㄱ자형'으로 되어 있으며, 세 방향이 외기에 면하여 일조와 통풍이 잘 되도록 평면이 계획되어 있다.

현관을 들어서면 넓은 홀이 있으며 왼쪽으로 중복도가 있고 사무실 겸 원장실, 보육실 4개(만 1~4세 1개실), 식당, 작은 조리실이 있다. 현관 오른쪽에는 편복도가 있고 교사실, 교재창고, 교사 화장실, 5세 보육실이 있다. 각 보육실의 창은 향은 다르지만 넓은 크기 덕분에 통풍이 잘 된다. 또한 두 보육실 사이에는 화장실이 설치되어 있다. 별도 조리실이 없는 대신 음식을 그릇에 담는 배선실에는 덤웨이터(dumb waiter)가 있고, 식당과는 카운터로 연결되어 있다.

현관 홀 반대쪽에 부출입구가 있어 놀이터로 직접 나갈 수 있으며, 위험 상황 시 비상대피 통로 역할도 한다.

7. 부현관에는 신발장이 준비되어 있고, 후면 놀이터로 나갈 수 있음
8. 세대교류 프로그램-주거동
9. 세대교류 프로그램-요양원

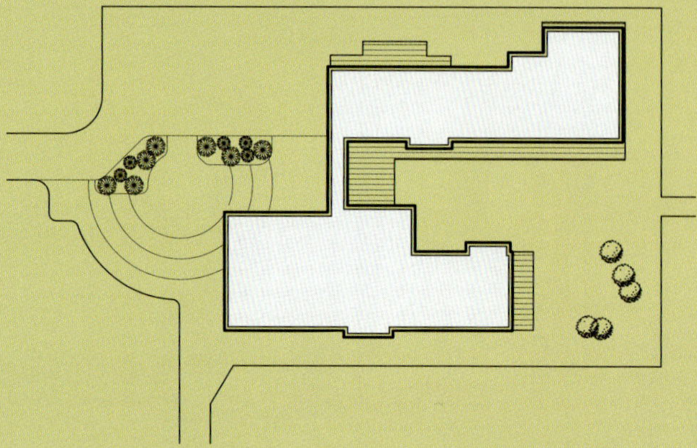

대전청사 새롬어린이집

실외놀이 접근성이 좋은 'ㄷ자형'의 건물배치

위치 대전 서구 둔산동 정부 청사 내	**시설유형** 직장 어린이집	**설립연도** 2009년	**건물유형** 단독건물	**층수** 지상 2층	**대지 면적** 4,784㎡
건축면적 1층 869.9㎡, 2층 787.3㎡	**연면적** 1657.2㎡	**실외놀이터 면적** 797.3㎡	**아동 1인당 시설면적** 8.1㎡/인	**운영시간** 오전 8시~오후 8시
아동 수 204명	**종사자 수** 43명(원장 1명, 원감 1명, 교사 22명, 보조교사 11명, 사무원 1명, 간호사 1명, 취사원 3명, 영양사 1명, 기타 2명)
반 편성 **만 0세**: 2개 반 / 정원 12명 / 교사 4명	**만 1세**: 2개 반 / 정원 20명 / 교사 4명	**만 2세 반**: 3개 반 / 정원 42명 / 교사 6명
만 3~4세: 3개 반 / 정원 90명 / 교사 6명	**만 5세 반**: 2개 반 / 정원 40명 / 교사 2명

설립목적

대전청사 새롬어린이집은 한남대학교에서 위탁운영하는 직장어린이집으로 대전청사에 근무하는 공무원들의 자녀들을 위한 보육시설이다.

프로그램 목표

내집처럼 편안하고 안전한 환경에서 어머니의 정성이 담긴 양육과 개인차를 고려한 발달에 적합한 교육을 제공하여 아동의 전인적 성장을 도모한다.

프로그램 철학 및 내용

대전청사 새롬어린이집은 '아동중심' 철학에 기초하여 아동을 보육하고 있다. 새롬어린이집의 원장은 아동들이 행복한 어린이집을 우선적으로 추구한다. 어린이집의 특성상 부모와 아동의 요구가 함께 발생하게 되는데, 가능한 한 아동의 요구를 우선적으로 수용하기 위해 부모교육을 지속적으로 실시하고 있다. 부모들의 무리한 부탁에 대한 거절도 아동들의 입장에서 설명하면 부모들도 모두 수긍하는 편이다.

원장은 어린이집이 만 0~5세 영유아가 하루 종일 생활하는 곳이기 때문에 환경, 프로그램 모두 아동들 입장에서 집처럼 편안하고 발달에 적합하게 계획되어야 한다고 생각한다. 한남 아동중심 프로그램에서 추구하는 인간상은 참된 사람, 꿈을 이루는 사람, 사랑을 나누는 사람이다. 모든 아동들은 평등하고 소중하다는 기본 철학하에 '아동이 주인공'이 되는 어린이집을 추구하고자 한다. 따라서 어린이집의 하루 일과도 아동들의 발달수준에 맞추어 돌아가게 된다. '한남 아동중심 보육 프로그램'을 기본으로 한 정규 프로그램과 연령별로 특화된 그림책 프로그램, 실외놀이 프로그램, 사회성 강화 프로그램을 실시하고 있다.

이 어린이집에서 실시하는 '한남 아동중심 보육프로그램'은 영유아의 '놀이'를 기본으로 한다. 연령별로 적합한 생활주제를 선정하고, 생활주제에 맞는 흥미영역별 놀이를 실시한다. 예를 들어, 만 3~4세 연령에서 '소방서 놀이'가 주제라면, 언어영역에는 소방서와 관련된 그림책, 화보, 듣기, 쓰기 자료, 수 · 과학영역에는 소

1. 'ㄷ자형' 중정을 구성한 실외놀이터

2. 실외놀이터 전경

1층 평면도

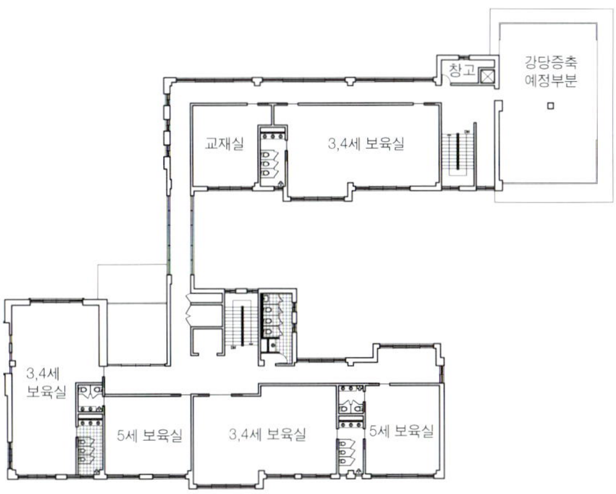

2층 평면도

방서와 관련된 퍼즐, 보드게임, 관찰자료, 미술영역에는 소방관 모자 만들기, 소방서에서 사용하는 물건 판화, 소꿉 · 쌓기영역에는 소방서 역할놀이를 위한 블록, 소품, 음률영역에는 소방서와 관련된 동요, 음악감상용 CD, 신체표현도구 등을 준비해주어 아동이 소방서놀이에 대해 자발적인 관심을 갖고 놀이에 적극적으로 참여할 수 있도록 격려해준다. 이때 교사는 유아의 놀이를 주의 깊게 관찰하여 놀이 개입이 필요한 시기에 적절하게 상호작용해줌으로써 유아의 전인적 발달을 돕는다.

특히 "모든 아동들은 자기만의 독특한 씨앗을 가지고 태어나 모두 다른 꽃을 피운다"는 기본 전제하에 개인차를 존중하는 교사 대 아동의 일대일 상호작용을 강조한다. 단체로 생활하는 어린이집에서 각 아동의 개인차를 존중하고 민감하게 반응한다는 일은 결코 쉬운 일이 아니기 때문에 체계적으로 훈련받은 교사의 자질이 우선적으로 요구된다. 교사의 질을 높이기 위해 연구수업, 교사세미나, 외부 강연 참가 등 강도 높은 교사교육이 이루어지고 있다.

아동을 둘러싼 환경면에서도 어린이집을 떠올렸을 때 드는 알록달록한 환경을 최대한 배제하고 자연스러운 색상, 질감으로 어린이집을 구성하는 데 주력하였다. 기존의 어린이집과 달리 나무색을 그대로 살리고, 톤을 일정하게 유지한 환경구성을 보고 방문객들은 편안함을 느낀다고 말한다.

특이사항

대전청사 새롬어린이집은 만 3~4세 혼합연령반을 운영하면서 연령이 다른 아동들이 함께 생활하면서 서로 돕기, 나누기, 양보하기, 협동하기와 같은 친사회적 행동이 많이 일어난다. 또한 4세 아동들은 동생들을 대하며 리더쉽을 기를 수 있고, 3세 동생들은 4세를 모방하며 또래 간 학습이 일어나는 장점을 가지고 있다.

사회성 강화 프로그램을 통해 나는 소중한 사람, 다른 사람과 더불어 살아가는 태도, 민주적인 문제해결능력을 기르게 된다.

연령별로 특화된 그림책 읽기 프로그램을 통해 책에 대한 관심, 문해능력, 추론능력 등을 발달시킨다. 영아반 대화식 그림책 읽기, 유아반 문학적 접근, 유치반 무지개 책읽기 프로그램을 개발하여 실시하고 있다.

어린이집 설계에서 특이한 점은 'ㄷ자형' 구조로, 1층 영아반에서는 실외놀이터

3. 트랙과 대나무통로는 아동의 활동성을 촉진함

4. 자연스러운 둔덕에 조성된 미끄럼틀

로 바로 나갈 수 있다. 하루종일 기관생활을 하는 영아들이 실외놀이를 적극적으로 할 수 있도록 하는 점은 아동들 발달에 매우 긍정적인 영향을 준다.

배치특성

대전 정부청사 내에 위치하는 관계로 주변이 매우 한적하고, 넓은 대지에 계획된 어린이집으로, 한국에서는 보기 드문 매우 여유 있는 공간계획 및 실외놀이터가 가장 큰 장점이다.

건물배치는 'ㄷ자형'으로 구성되고, 실외놀이터는 중정에 면하여 위치한다. 주현관은 배면으로 접근하게 되어 있어 외부에서는 어린이집 내부가 보이지 않으며, 차량이 접근할 수 없도록 되어 있어 아동의 안전성과 프라이버시를 잘 확보해 주고 있다.

대전 정부청사 새롬어린이집의 가장 큰 특징은 아름답고 교육적으로 계획된 실외놀이터이다. 화려하고 과시적인 실외놀이시설을 과감히 배제한 자연스러운 둔덕, 대나무 통로 그리고 타원형 트랙조성은 아동들의 끊임없는 흥미와 도전활동을 유발한다.

평면특성

평면은 전체적으로 2개의 동이 'ㄷ자형' 편복도로 연결된 형태로, 보육실들은 남쪽으로 면하고 복도는 북측에 배치되어 있다.

1층 보육실은 실외놀이터로 직접 나갈 수 있는 출입문이 있으며, 보육실과 실외놀이터 사이에는 목재로 된 데크를 두어 아동의 실외놀이와 실내활동을 연결해주고 있다. 그리고 복도 끝이나 식당에도 실외놀이터로 나가는 출입문이 설치되어 있다.

주현관과 신발 벗는 공간이 넓어 신발을 신고 벗는 것이 서투른 아동들이 안전하고 여유있게 행동할 수 있도록 배려하였으며, 로비공간도 매우 넓게 계획되어 부모들의 대기나 아동들의 실내놀이터로 적극 활용되고 있다. 비교적 넓은 복도와 실외놀이터에서 아동은 자유롭게 생활할 수 있는 여유를 가질 수 있다.

5. 놀이공간으로 적극 활용하고 있는 로비공간
6. 넓은 현관과 신발 벗는 공간

7

보육실은 아동 연령과 보육단위에 적합하도록 차별화되어 계획되었다. 만 0세반은 작은 보육단위와 안정적인 환경 조성을 위하여 소규모실로 되어 있으며, 만 0세반 2개실은 기저귀갈이실을 공유하고 있으며, 조유공간은 보육실 입구에 별도로 마련되어 있다. 그리고 보육실의 구석공간을 휴식공간으로 활용하고 있다. 만 3~4세 보육실은 되도록 사각형의 정형화된 형태에서 탈피하여 실의 형태에 변화를 두려한 점이 특징적이다. 실을 다소 어긋나게 배치하거나 돌출공간을 만들고 이곳에 라이저(riser)를 설치하여 아동들의 호기심과 애착심을 유발하고 있다.

○ **1층** : 현관, 사무실, 양호실, 원장실, 식당, 주방, 화장실, 창고, 보육실 7개

○ **2층** : 보육실 5개, 교재실, 화장실, 테라스

8

9

10

11-1

11-2

7. 사무실 앞에 마련된 부모 대기 및 휴식공간
8. 보육실과 실외놀이터를 연결하는 데크
9. 넓고 밝은 복도공간
10. 만 0세 기저귀갈이실
11. 보육실 내부 전경

12-1

12-2

12-3

13

14

12. 연령별 특성을 배려한 화장실
    12-1. 만 1세반 화장실
    12-2. 만 2세반 화장실
    12-3. 만 3~4세반 화장실

13. 보육실의 라이저

14. 복도 한 켠에 마련된 아늑하게 쉴 수 있는 공간

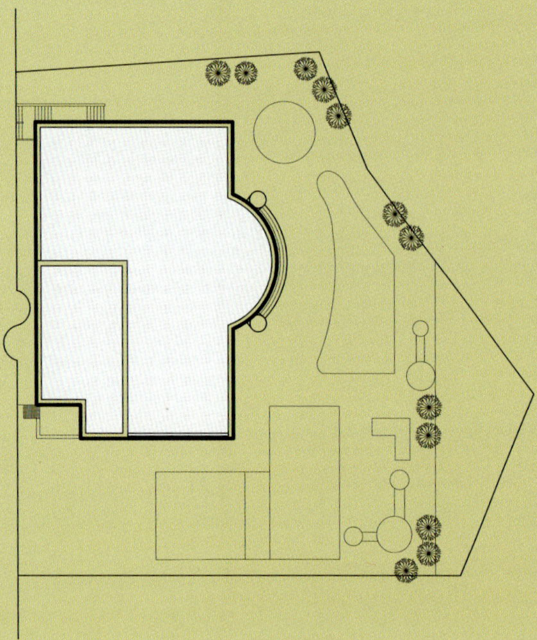

부산대학교 부설어린이집

생태유아교육을 지향하는 프로그램

| 위치 부산광역시 금정구 장전동 산 30번지 **| 시설유형** 국공립 + 직장지원(부산대학교) 어린이집 **| 설립연도** 1993년 **| 건물유형** 단독건물 **|**
| 층수 지상 4층, 지하1층 **| 연면적** 1,851.3㎡ **| 실외놀이터 면적** 3,188㎡ **| 아동 1인당 시설면적** 8.3㎡ **| 운영시간** 오전 7시 30분~오후 7시 30분
| 아동 수 223명 **| 종사자 수** 40명(원장 · 원감 · 교사 16명, 보조교사 14명, 사무원 1명, 간호사 1명, 그림교사 1명, 영양사 1명, 조리사 3명, 청소원 1명)
| 반 편성 만 1세: 2개 반 / 정원 22명 / 교사(보조교사) 4(2)명 **| 만 2세**: 2개 반 / 정원 42명 / 교사(보조교사) 5(2)명 **| 만 3세**: 정원 34명 / 교사(보조교사) 2(2)명 **| 만 3~4세**: 1개 반 / 정원 17명 / 교사(보조교사) 1(1)명 **| 만 3~5세 :** 1개 반 / 정원 18명 / 교사(보조교사) 1(2)명 **| 만 4세 :** 2개 반 / 정원 44명 / 교사(보조교사) 2(2)명 **| 만 5세 :** 2개 반 / 정원 46명 / 교사(보조교사) 2(2)명

설립목적

부산대학교 부설어린이집은 부산대학교 유아교육학과에서 운영하는 어린이집으로, 부산대학교 교직원과 지역 주민을 위하여 1993년부터 운영해 오고 있다.

프로그램 목표

아동에게 자연과 놀이, 아이다움을 되찾아 주는 데 역점을 두고 생태중심, 공동체중심, 지 · 덕 · 체를 고루 갖춘 전인적 유아교육을 지향하여 '신명나는 어린이'를 키워내고자 한다. 신명나는 어린이란 구체적으로 개성과 창조력을 지니면서 흥겨움과 멋이 흘러넘치는 가운데 더불어 행복한 삶을 누리는 살맛나는 세상을 인식하고 개척해 나가는 무한한 잠재능력을 지닌 어린이를 뜻한다.

프로그램 철학 및 내용

부산대학교 부설어린이집에서는 모든 영유아들을 스스로 성장 · 발달할 수 있는 지적 호기심과 무한한 잠재능력을 내재하고 있는 선한 존재인 동시에 인간으로서의 권리와 존엄성을 지닌 고귀한 인격체로 본다. 산업화 · 도시화된 생활공간에서 '자연'과 '놀이', '아이다움'을 잃어버리고 살아가는 아동들이 몸, 마음, 영혼이 건강한 아동으로 자랄 수 있도록 부산대학교 유아교육학과와 함께 개발한 '생태유아교육'을 실천하고 있다. 이처럼 특별한 프로그램을 운영하기 위하여 360평의 실외놀이터와 400평 규모의 자연학습장, 텃밭, 캠퍼스 내 동산 및 계곡을 활용하고 있다.

원장은 어린이집 운영을 통하여 아동들이 '하늘만큼, 땅만큼 신명나게' 자라고 부모들은 내 집처럼 여기는 어린이집에 아동들을 안심하고 맡길 수 있게 되기를 희망한다. 또한 궁극적으로 아동들이 행복하고, 사람과 사람이 더불어 사는 세상, 사람과 자연이 하나 되는 세상을 만드는 데 이바지 하고자 한다. 이를 위하여 부산대학교 부설어린이집에서 운영하고 있는 다양한 프로그램 중 주요 프로그램을 소개하면 다음과 같다.

1. 부모, 교사, 아동의 만남과 헤어짐의 사회적 교류가 이루어지는 캐노피가 있는 독립된 출입구
2. 도로변에 접해 있는 어린이집 입구의 모습
3. 어린이집 담장에 붙여진 아동들 작품의 포스터
4. 실외놀이터로 들어가는 입구

○ **바깥놀이 및 산책 프로그램** : 아동들을 교실의 '밖으로, 밖으로' 데리고 나가려는 노력, 즉 아동들을 교실에서 해방시키려는 노력이 바로 생태유아교육 실천의 출발점이다. 아동에게 바깥놀이란 자신이 가지고 있던 지식, 개념, 경험을 자유롭게 펼치는 시간으로 아동은 '바깥'이라는 확대된 공간에서 자유롭고 비형식적인 놀이를 통하여 지적인 호기심과 상상력을 키우고 계절의 변화와 친구들과 더불어 살아가는 능력을 갖게 되며, 자연을 경험하면서 생명의 소중함을 깨달아 가게 된다.

○ **텃밭 가꾸기 및 우리 먹거리 프로그램** : 부산대학교 부설어린이집에서는 아동들이 1년 동안 직접 텃밭에서 채소를 재배하는 농사 경험을 통하여 생명의 원천인 흙의 소중함을 알게 한다. 또한 계절의 변화를 알아가며, 수확의 기쁨을 알고 더 나아가서 농사일을 통해 아동의 감각을 '살림'으로써 아동의 인지, 사회, 정서 발달을 꾀하고 궁극적으로 자연계의 순환과 생명에 대한 사랑을 가르치고자 한다. 이렇게 기른 유기농 먹거리는 급식과 간식의 주재료로 사용함으로써 아동이 신토불이의 맛을 통해 한국인의 정서를 고양하고 건강한 성인으로 자라나도록 한다.

○ **노인/아동 상호작용 프로그램** : 현대사회에서 단절되어 있는 노인과 아동과의 교류를 어린이집이라는 장을 통하여 의도적으로 연결하여 노인세대와 아동세대를 유기적으로 연결시켜 주고, 교사와 부모세대의 의식을 변화시킴으로써 조부모, 부모, 손자녀가 자연스럽게 상호작용하던 전통사회의 자녀교육, 양육방식으로 회복시킬 수 있는 계기를 만든다.

○ **손끝놀이와 몸짓놀이 프로그램** : 손의 사용으로 머리, 마음, 손이 조화롭게 발달하는 전인적인 존재가 되도록 자체적으로 개발한 손끝놀이와 몸짓놀이 등을 통하여 아동이 몸을 건강하고 유연하게 유지한다. 또한 아동 자신의 몸과 내면의 감성이 조화를 이루도록 하며, 우리의 전통과 정신을 이어가고, 자연과 교감하는 영성적 자각을 하도록 한다.

5. 만 5세 반 교실에 있는 큰 로프트시설
6. 다양한 조형활동이 이루어지는 4층에 위치한 그림터
7. 자유롭게 움직일 수 있도록 넓은 공간이 확보된 만 1세 반 교실
8. 텃밭에서 재배한 여러 가지 채소를 판매하는 강아지 장터 포스터

특이사항

부산대학교 부설어린이집 건물 가까이에 텃밭이 마련되어 있어 아동들이 자주 가보고 채소를 가꿀 수 있다. 부산대학교 부설어린이집에서 개발된 생태유아교육의 자연, 놀이, 아이다움을 찾아주자는 철학은 많은 공감을 얻어 최근 전국적으로 보급 · 확산되고 있다.

배치특성

부산대학교 보육종합센터 내에 유아교육과와 함께 사용하는 건물로, 어린이집 입구는 분리 독립되어 있다. 대학교 캠퍼스 내 북문 가까이에 도로와 인접되어 있으며, 전면과 측면에 실외놀이터가 다양한 놀이공간으로 구성되어 있다. 어린이집 입구는 도로에서 직접 진입할 수 있도록 건물 측면에 위치해 있다.

평면특성

건물은 지하 1층에서부터 지상 4층으로, 연령별 보육실 외에 교재교구보관실, 기악연습실, 상담실, 사무실, 유희실, 보육실, 옥상놀이공간(생태공원), 풀장을 갖추고 있다.

건물 내부를 살펴보면 1층과 2층 중앙에 넓은 유희실이 배치되어 있다. 이 공간은 다양한 연령의 아동들이 서로 만나 사회적 상호작용과 더불어 자연스럽게 서로 교류할 수 있는 중심공간의 역할을 할 수 있도록 되어 있다. 이곳은 아동들이 함께 식사도 하며, 많은 아동들이 한꺼번에 할 수 있는 요리활동이나 대집단활동, 어린이집 행사 등이 이루어지는 다목적공간으로 사용된다. 또한 4층에는 그림터와 수영장, 생태공원을 조성하여 아동들의 조형활동, 생태중심 프로그램을 지원할 수 있는 환경을 제공하고 있다. 그림터는 미술전용 활동실로서 아동들이 자연물을 이용하여 전문미술교사와 함께 미술조형활동을 할 수 있도록 되어 있다.

옥상놀이공간의 생태공원은 수영장, 텃밭, 장독대, 다양한 식목으로 조성되어 실외놀이터와는 다른 환경으로 아동들의 정서활동을 지원해주고 있다.

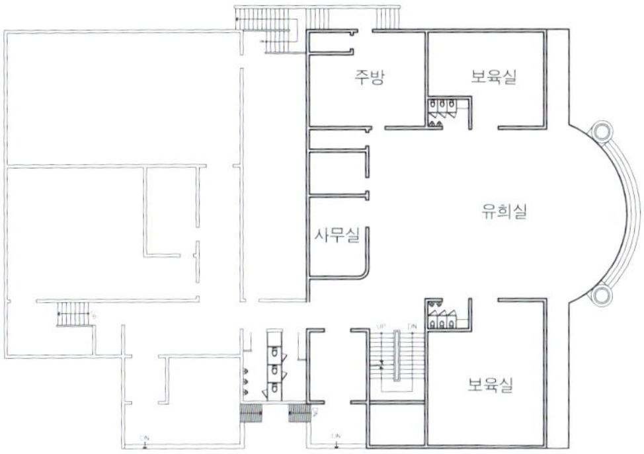

1층 평면도

2층 평면도

9. 실외놀이터 한가운데 있는 흙무덤

10. 실외놀이터에 있는 목공놀이영역

11. 아동들이 알록달록 꾸민 보물상자

12

13

실외놀이터에는 축구장과 모래놀이터, 물놀이시설, 보물창고, 흙무덤, 영유아 놀이시설, 잔디밭, 놀이마당, 목공놀이터, 동물사육장, 등나무 벤치 등의 시설과 나무들이 어우러져 자연스럽게 실외놀이가 활발하게 이루어질 수 있도록 조성되어 있다. 실외놀이터는 어린이집의 특성인 생태유아교육 철학에 맞추어 자연친화적인 놀이환경을 조성하여 아동이 흙과 나무와 친해질 수 있도록 되어 있다. 또한 어린이집 건물과 인접한 곳에 텃밭이 조성되어 있으며, 이곳에서 수확한 여러 가지 야채는 정기적으로 장터를 열어 지역주민들에게 판매활동을 하면서 재배와 수확을 통한 아동들의 학습효과를 한층 높여 주고 있다.

- **1층** : 현관, 상담실, 사무실, 유희실, 보육실 2개, 주방, 창고
- **2층** : 교사실, 원장실, 관찰실, 유희실, 보육실 4개
- **3층** : 교사실, 보육실 5개, 관찰실(유아교육과 실습시설), 유아교육실습실(유아교육과 실습시설)
- **4층** : 그림터, 옥상놀이공간(생태공원), 수영장
- **지하** : 교재교구보관실, 기악연습실 6개, 창고 3개, 보일러실, 정화조기계실

14

15

12. 휴식장소 등 다목적으로 활용되고 있는 정자
13. 옥상생태공원에 있는 수영장 시설
14. 4층에 있는 옥상생태공원의 모습
15. 아동들이 직접 재배학습을 하면서 기르는 다양한 채소밭
16. 실외놀이터에 있는 흙마당의 축구장

16

3층 평면도

4층 평면도

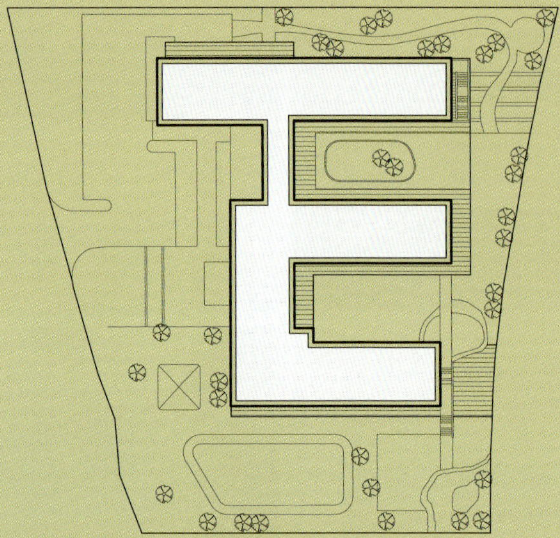

사이언스 신성어린이집

분리된 중정을 가진 'E자형' 건물배치

위치 대전 유성구 신성동 8-6	**시설유형** 직장 어린이집	**설립연도** 2008년	**건물유형** 단독건물	**층수** 지상 2층, 지하 1층
대지 면적 6,612.0㎡	**연면적** 3,045.4㎡	**실외놀이터 면적** 1,040㎡	**아동 1인당 시설면적** 10.2㎡	**운영시간** 오전 7시 30분~오후 10시 30분
아동 수 300명	**종사자 수** 41명(교사 32명, 원장 · 원감 · 간호사 · 영양사 · 사무원 각 1명, 조리사 4명)
반 편성 만 1세: 4개 반 / 정원 40명 / 교사 8명	**만 2세**: 4개 반 / 정원 56명 / 교사 8명	**만 3세**: 5개 반 / 정원 75명 / 교사 5명
만 4세: 4개 반 / 정원 72명 / 교사 4명	**만 5세**: 3개 반 / 정원 54명 / 교사 3명

설립목적

사이언스 신성어린이집은 대덕연구개발특구 내 입주기관 종사자의 자녀들에게 질 좋은 보육환경과 전문적인 보육서비스를 제공함으로써 직원들의 사회적 · 경제적 참여를 지지하고, 가정복지 증진을 실현하고자 설립한 직장어린이집으로, 배재대학교에서 위탁운영하고 있다.

프로그램 목표

'함께 키우는 건강한 어린이'라는 비전 아래 미래사회를 이끌어 갈 도덕적인 어린이, 창의적인 어린이, 행복한 어린이로의 성장을 목표로 한다. 이에 따른 세부 목표는 아래와 같다.

1. 자신을 사랑하고 타인과 긍정적인 관계를 형성할 수 있게 한다.
2. 바른 언어생활태도와 의사소통능력을 기른다.
3. 적극적으로 탐구하는 태도와 문제해결능력을 기른다.
4. 심미감과 창의성 및 풍부한 감성을 기른다.
5. 즐겁게 신체활동에 참여하고 기본운동능력을 기른다.
6. 올바른 생활습관과 자신을 보호할 수 있는 능력을 기른다.

프로그램 철학 및 내용

보육철학은 아동의 성장과 발달에 필요한 보육환경을 구성하고 자연과의 직접적인 상호작용의 기회를 제공함으로써 자연친화적인 생활태도를 형성하며 심신이 건강한 전인적 인간으로 자랄 수 있도록 하는 것이다. 프로그램의 내용은 크게 만 1~3세, 만 4~5세로 나누어 구성된다. 만 1~3세 반은 기본 생활교육을 밑거름으로 민주시민 양성과 관련한 교육, 6개 표준보육과정 영역을 중심으로 한 교육을 실시한다. 구체적으로 만 1세 반은 전인교육 및 기초생활교육, 주변환경을 탐색하며 오감발달을 촉진하는 놀이중심 활동, 개별성을 존중하는 활동중심 프로그램, 만 2세 반은 자신에 대해 관심을 갖고 스스로 자연을 비롯한 주변환경을 탐색하며 친해지기 위한 탐색활동, 일상생활에서의 자조능력 향상 활동 중심의 프로그램을 실

1

2

3

1. 1층 신발장과 진출입 공간이 충분히 넓은 주현관
2. 1층 현관 입구의 부모 대기공간
3. 전면창이 넓고 테크로 나갈 수 있는 1층 영아보육실

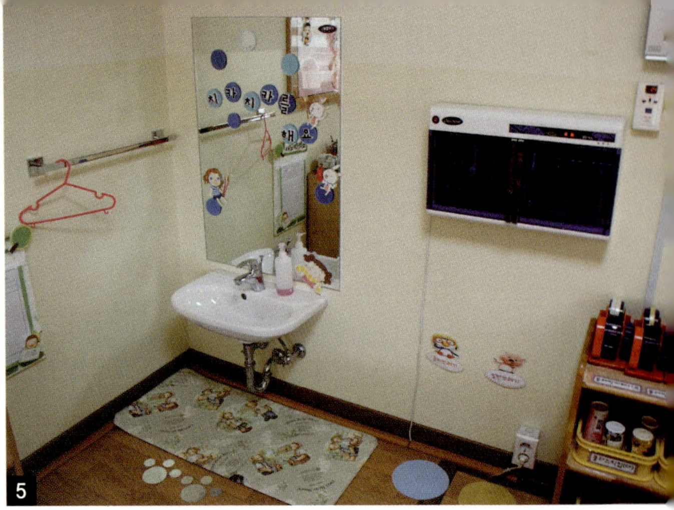

시한다. 만 3세 반은 친구와 주변인에게 관심을 갖고 자연과 교감하며 친숙해지기 위한 관찰활동, 일상생활에서의 기본생활습관 형성 활동을 중심으로 진행한다.

만 4~5세 반은 기본 생활교육을 밑거름으로 민주시민 양성과 관련한 교육, 6개 표준보육과정 영역을 중심으로 한 교육, 전인교육을 위주로 한 통합교육, 폐품활용을 통한 만들기, 조형활동 및 창의력교육을 기본으로 한다.

구체적으로, 만 4세 반은 자신의 생각과 느낌을 조리 있게 표현하는 자기표현 활동, 자연친화 생태중심의 프로젝트 접근법, 만 5세 프로그램 기초 마련을 위한 수·언어 확장활동을 중심으로 실시한다. 또한 만 5세 반에서는 스스로 탐구하고 스스로 표현하는 창의적인 주제탐구 표현활동, 자연친화 생태중심의 프로젝트 접근법, 초등과정에 적응력을 높이기 위한 초등연계 프로그램을 실시하고 있다.

특이사항

최근 주말 여유시간의 활용에 대한 다양한 관심들이 모아지고 있는 사회 변화에 맞춰 주말에 자녀와 보다 많은 시간을 가질 수 있는 계기를 마련해주기 위한 주말 프로그램을 계획하여 가정에 배포함으로써, 어린이집과의 연계성을 확립함과 동시에 부모들에게 육아지원 서비스를 제공하고 있다. 또한 조부모 초청 프로그램 등 다양한 가족지원 프로그램을 실시하고 있다.

시간 연장 전담교사를 두어 시간연장보육(오후 10시 30분까지 운영)을 실시하고 있으며, 아동정원에 비하여 공간이 넓어 여유공간을 공동공간으로 활용하고 있다. 또한 이로 인해 아동들이 하루 종일 어린이집 생활을 하는 데 여유를 가질 수 있다.

6

7

4. 전면창이 넓은 2층 유아보육실
5. 영아보육실 내 세면대
6. 보육실 내 화장실에 설치된 샤워부스
7. 1층의 반개방된 영아 유희실

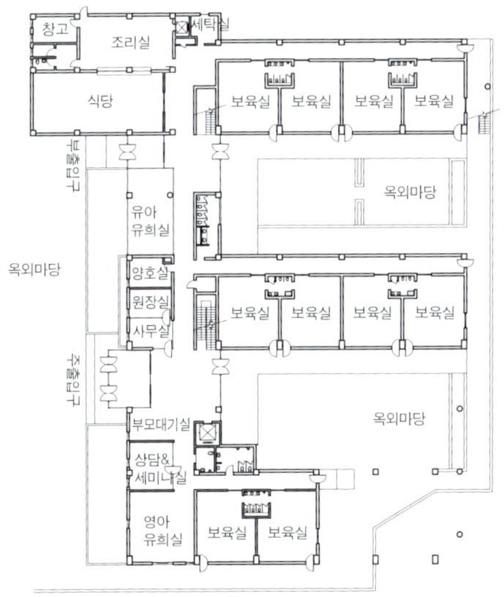

1층 평면도

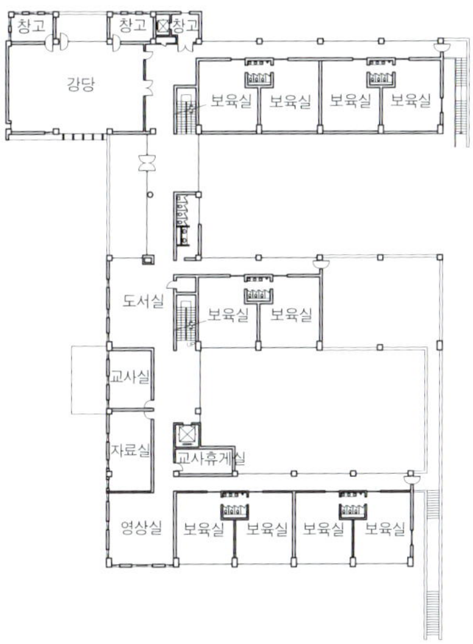

2층 평면도

8

9

배치특성

전면에 24m 정도의 도로가 있고 후면에 하천이 있으며, 좌우에 공원이 있어 모든 방향에서 잘 보이는 대지에 위치한다. 도로 쪽에 진입로가 있으며 북쪽으로 주차장이 있고 중앙의 주출입구 이외에 영아전용 부출입구가 별도로 있다. 가장 큰 배치특성은 'E자형'의 건물과 다양한 외부공간이 있다는 점이다.

도로에 접하는 건물 전면에는 넓은 놀이터가 있으며, 'E자형' 건물 사이의 영아놀이마당과 안마당에는 2개 중정이 있고, 남쪽에 유아용 놀이터가 구분되어 있다. 넓은 놀이터에는 그네, 미끄럼틀, 모래밭, 바퀴 달린 놀이기구용 포장로가 있다. 중정으로 된 영아놀이마당은 영아용 놀이집, 모래밭, 해가리기 차양, 바퀴 달린 놀이기구 포장로가 있어 동적 공간이라고 한다면, 안마당은 잔디밭으로 정적 공간을 두어 차별화하였다.

건물과 하천 사이에 작은 연못과 식물 재배장이 있다. 북쪽에 서비스 마당이 있고 조리실로 연결되는 서비스 출입구가 있어 조리실용 물품 반입을 별도로 할 수 있게 고려하였다.

'E자형' 건물로 날개 부분이 3개가 되므로 부분적 변화 및 공간 인지성을 주기 위해 1층 남쪽 날개부분에는 실을 두지 않고 필로티(pilotis; 건물 1층 부분의 독립 기둥으로 벽이 없는 것)로 처리하였다. 또한 2층 중앙 날개부분에도 실을 두지 않고 테라스를 설치하여 외부공간을 다양하고 풍부하게 조성하였다. 중앙 및 남쪽 날개부분으로 둘러싸인 중정과 하천 사이에도 필로티를 두어 외부공간의 영역을 구성하고 있다. 1층 필로티는 지붕이 있는 매개공간으로서 비가 오거나 햇살이 뜨거운 여름에 대근육활동공간으로 활용되고 있다.

10

8. 악기연주와 대근육활동이 이루어지는 1층의 다목적 유아 유희실
9. 식당과 카운터로 연결된 조리실
10. 영아용 좌식식탁과 유아용 입식식탁이 배열된 식당
11. 2층 광장에 낮은 서가를 설치하여 천장이 높은 도서 영역을 확보함

11

평면특성

보육실 진입방식으로 구분하면 편복도형이며, 3개의 복도로 분산하여 보육실을 배치한 후 수직방향은 중복도로 연결하였다. 복도가 넓어 개방감을 준다.

남쪽에 보육실을 모두 배열하고 길이를 일부 조절하고 있다. 도로방향인 서쪽은 중복도형이고 원장실, 사무실, 양호실, 식당, 조리실, 계단이나 화장실 등 보육실 이외 실은 크기가 다르므로 두께 변화를 나타내면서 배열되어 있다.

○ **1층** : 주현관, 부모 대기공간, 영아 전용 현관, 영아 유희실, 사무실, 원장실, 양호실, 식당, 조리실, 보육실 10개, 화장실
○ **2층** : 강당, 교사실, 보육실 10개, 도서영역, 악기연주공간, 화장실

각 층에 모두 남향으로 배치된 보육실은 일조가 잘 되고, 두 보육실 사이에는 화장실이 있다. 1층 현관 입구와 계단 입구에는 소파를 두어 부모 대기공간으로 사용하여 환영받는 분위기가 조성되어 있다. 1층 보육실에서는 모두 외부로 직접 나갈 수 있으며, 2m 폭의 데크가 전면에 있어 작은 실외 놀이공간으로 사용될 수 있다. 300명의 많은 아동 수 때문에 유아 유희실과 영아 유희실을 분리하였고, 1층에 영아 유희실이 반 개방공간으로 설치되어 있다.

1층의 주현관 반대편에 있는 식당에는 조리실이 카운터로 반 개방되어 있고, 영아용 좌식식탁과 유아용 입식식탁이 배열되어 있다.

계단 입구 여유공간은 도서영역이나 악기연주공간으로 사용되고 있으며, 다목적 강당은 유희실 및 다양한 모임이나 회의장소로 사용된다. 천장이 높고 정측창(clearstory)이 설치되어 상부에서 빛이 들어오도록 되어 있다.

12. 영아용 놀이집, 모래밭, 해가리기 채양, 바퀴 달린 놀이기구 포장로가 있는 영아놀이마당
13. 그네, 미끄럼틀, 모래밭, 바퀴 달린 놀이기구 포장로가 있는 전면 넓은 놀이터
14. 비가 오거나 햇살이 뜨거운 여름에 대근육활동공간으로 활용되는 필로티 부분
15. 2층에 있는 교사실

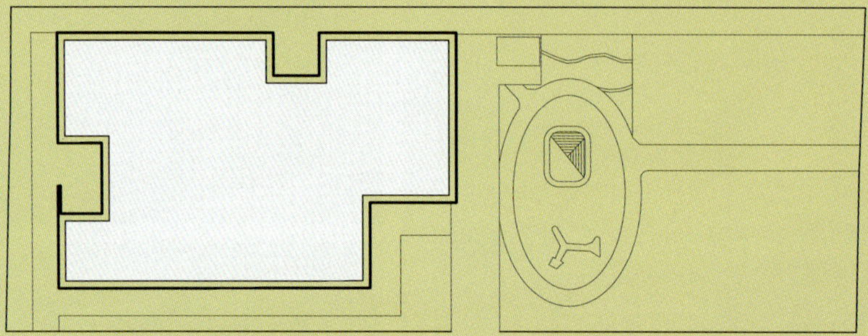

익산 삼성어린이집

특화된 장애통합 보육 프로그램

| **위치** 전북 익산시 송학동 141-3 | **시설유형** 민간 어린이집 | **설립연도** 2006년 | **건물유형** 단독건물 | **층수** 지상 3층 | **대지 면적** 1,498.2㎡ | **연면적** 1,696.2㎡ | **아동 1인당 시설면적** 11.3㎡ | **운영시간** 오전 7시 30분~오후 7시 30분 | **아동 수** 150명 | **종사자 수** 25명(교사 16명, 원장 · 간호사 · 영양사 · 복지사 · 사무원 각 1명, 조리사 2명) | **반 편성** **만 1세**: 2개 반 / 정원 20명 / 교사 4명 | **만 2세**: 2개 반 / 정원(장애아동) 28(3)명 / 교사(장애전담교사) 4(1)명 | **만 3세**: 2개 반 / 정원(장애아동) 33(3)명 / 교사(장애전담교사) 2(1)명 | **만 4세**: 2개 반 / 정원(장애아동) 33(3)명 / 교사(장애전담교사) 2(1)명 | **만 5세**: 2개 반 / 정원(장애아동) 33(3)명 / 교사(장애전담교사) 2(1)명

여기는 1층입니다.
엘리베이터는 꼭
어른과 함께 탑니다.

설립목적

익산 삼성어린이집은 '함께 잘 사는 사회'라는 삼성 제2창업이념을 구현하기 위하여 1989년 설립된 삼성복지재단에서 위탁 운영하는 전국 50여 개의 어린이집 중 하나로 익산지역 아동을 위해 운영하고 있다.

프로그램 목표

익산 삼성어린이집에서는 아동중심 보육 프로그램과 포괄적 보육 서비스 등 삼성의 대표적 보육 프로그램을 실시할 뿐 아니라 장애아동 통합 프로그램을 실시하여 장애아와 일반아동의 통합을 꾀하고 장애아동의 특성에 따른 개별화 프로그램을 계획 · 적용하여 아동의 건강한 성장을 추구한다.

프로그램 철학 및 내용

익산 삼성어린이집은 기존 삼성어린이집이 오랜 기간 운영하여 질적 우수함이 검증된 삼성의 아동중심 보육 프로그램을 기반으로 장애아동과 비장애아동 모두를 위한 환경을 구축하고 장애통합 보육 프로그램을 실시하고 있다. 장애통합 보육이란, 장애를 지닌 유아들이 장애를 지니지 않은 또래들과 함께 어린이집에서 보육받는 것을 의미하는데, 단순히 같은 장소에서 함께 일과를 진행하는 물리적인 통합뿐 아니라 장애아동의 개별적인 특성과 요구에 맞게 개별화된 교육계획안을 작성하고 보육과정을 조율하여 장애아동과 비장애아동이 자연스럽게 상호작용할 수 있도록 교사가 세심하게 유도한다. 또한 비장애아동은 장애아동의 행동특성을 인식하고, 다양성을 수용하도록 지원한다.

이 어린이집은 현재 12명의 장애아동을 보육하고 있는데 이를 위하여 특수교사 2명, 통합 전담교사 2명을 배치하여 교사 1명이 3명의 장애아동을 맡는 시스템으로 운영하고 있다. 장애아동이 입학하면 전담교사를 포함한 위원회가 구성되어 장애아동과 가족의 특별한 상황과 요구를 진단하고 개별 교육목표를 세워서 이를 실행할 수 있는 교육계획을 세운다. 이러한 목표와 계획에 따라 다양한 방법으로 교수활동을 진행하여 지속적으로 진도를 점검하고 프로그램을 평가하여 교육효과를 알아보고 이 결과를 새로운 목표 설정에 반영한다.

1. 충분한 신발장과 넓은 폭을 갖춘 현관

2. 현관 입구의 부모 대기공간

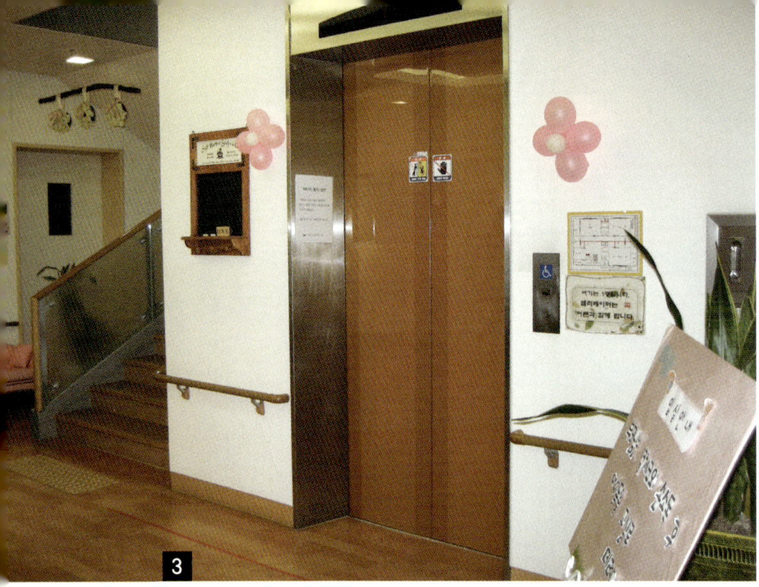

3

4

삼성 장애통합 보육 프로그램의 선구자적 역할을 하고 있는 이 어린이집의 원장이 어린이집을 운영하면서 중요하게 생각하는 것은 '행복'이다. 어린이집 운영의 궁극적인 목표는 아동의 행복인데, 아동의 행복은 교사와 원장이 느끼는 행복감에 영향을 받는다는 것이다. 즉, 교사들이 행복하게 일하고 도전받으며, 공부할 수 있는 여건에 있을 때 정말 좋은 것을 아동에게 제공할 수 있다는 생각이다. 부모도 마찬가지로 본인 스스로 행복하다고 느낄 수 있을 때 자녀가 스스로 꽃을 피우고 열매를 맺을 수 있도록 지원하고 기다릴 수 있다는 것이다. 따라서 익산 삼성어린이집의 원장은 교사들이 자신이 하고 있는 일에 대하여 전문가적인 접근을 하면서 보람을 느낄 수 있도록 지속적인 세미나와 토론을 실시하고, 이를 통해 전문성을 기르도록 노력하고 있다. 또한 아동뿐 아니라 부모교육과 상담을 통하여 부모들을 지원하려고 힘쓰고 있다.

특이사항

장애통합 보육 프로그램은 장애아동과 비장애아동, 영아와 유아, 성인 모두가 함께 어우러져 지낼 수 있는 환경으로 지원하고 있다. 먼저, 어린이집의 전체 공간이 비교적 넓게 설계되었다. 또한 반 이름과 게시물의 점자표시, 엘리베이터, 난간이 설치된 복도, 턱이 없는 출입문, 장애인 화장실, 시각장애인을 위한 소방시설 등을 갖추고 있다.

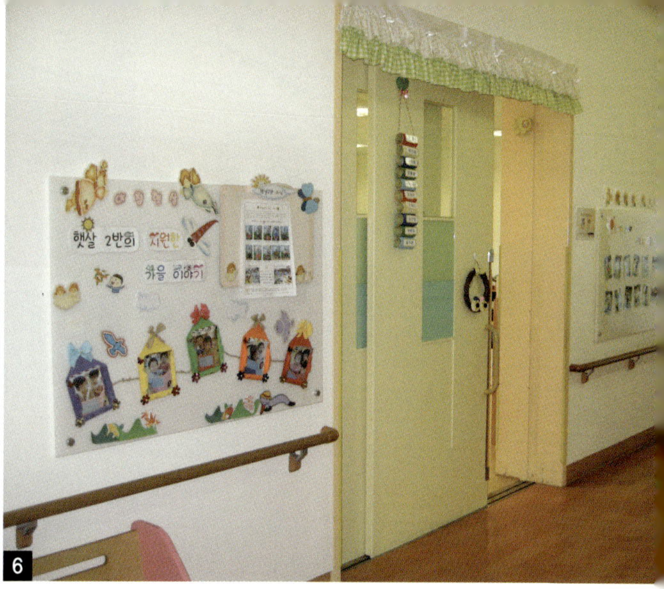

3. 점자표시가 있는 1층의 엘리베이터 입구
4. 1층의 장애아동용 화장실
5. 1층 보육실 내 낮게 설치된 창틀
6. 장애아동을 배려한 복도의 핸드레일
7. 2층 보육실의 다영한 영역 구성

8

9

만 2세부터 각 반에 장애아동 3명과 전담교사가 배치되어 있어 물리적 · 사회적 통합 프로그램을 실시하고 있다.

배치특성

주택가와 25m 정도 떨어진 도로변에 위치하고, 뒷면에 아파트단지가 있으며, 시각적 인지도가 높고 남향이기 때문에 건물과 외부공간에 일조가 잘 되고 있다. 대지가 도로변에 접하여 동서로 긴 편으로, 대지의 오른쪽에 건물이, 왼쪽에 외부공간이 있고 놀이터가 대부분이다.

평면특성

어린이집의 평면유형은 복도를 중심으로 하는 중복도형이며, 복도가 넓어 개방감을 준다. 남쪽에 보육실을 대부분 배열하고 북쪽에는 계단, 화장실, 원장실, 도서

8. 2개의 보육실 사이에 미닫이문이 설치된 화장실 입구
9. 보육실 내 화장실의 낮은 세면대
10. 현관이 보이는 원장실 겸 사무실

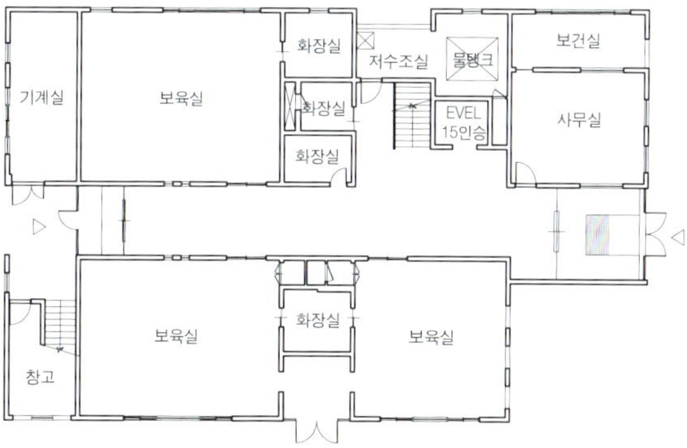

1층 평면도

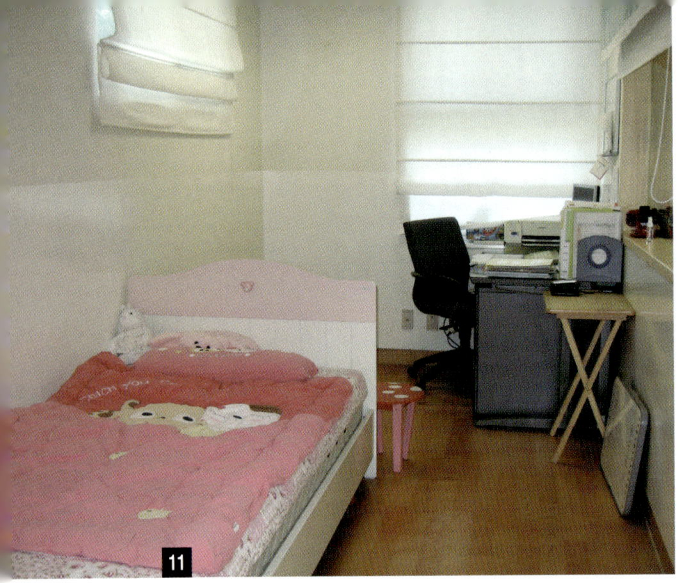

11

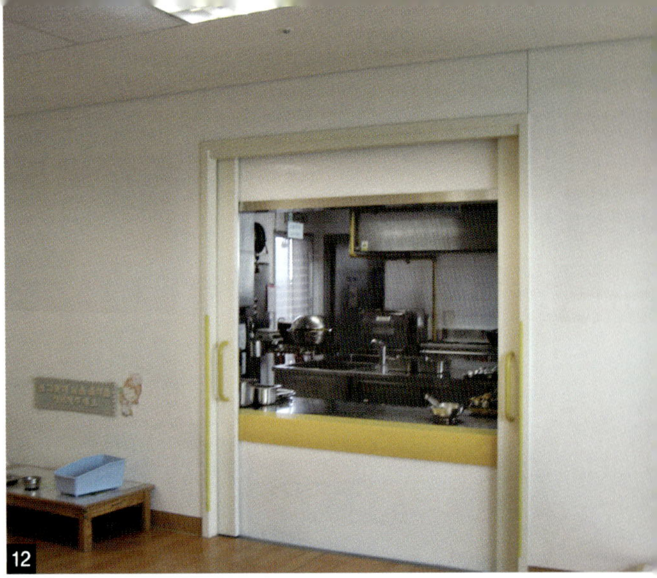

12

실, 조리실 등 보육실 이외의 실을 배열하는 방식이다. 남향으로 배치된 모든 보육실에는 창이 많아 밝으며, 일조가 잘 되고 있다. 2개의 보육실 사이에 화장실이 있어 접근이 용이하다.

○ **1층** : 현관, 사무실 겸 원장실, 보육실 2개, 통합실 1개, 화장실

○ **2층** : 보육실 2개, 교사실, 식당, 조리실, 화장실

○ **3층** : 보육실 2개, 교재실, 화장실

각 층에 남향으로 배치된 보육실은 일조가 잘 되고 두 보육실 사이에는 붙박이장을 설치하여 수납장소가 충분하다. 또한 각 보육실에는 세면대가 있어 손을 씻을 수 있게 준비되어 있다. 3층에 넓은 유희실을 두어 신체적 활동이 활발히 이루어질 수 있다.

좁은 면적을 최대한 활용하여 1층 현관 입구와 계단 입구에는 소파를 두었고, 이를 부모 대기공간으로 사용하여 환영받는 분위기가 조성되어 있다. 2층 식당 내부에는 작은 도서실이 있는데, 식사 전후 아동들이 즐겁게 이용한다. 2층 식당은 다용도로 사용하기 위하여 조리실 카운터에 이동식 문을 설치하였고, 이로 인해 가변성을 제공하고 있다.

11. 침실이 준비된 양호실
12. 2층 식당과 조리실 사이에 접이문이 설치되어 다용도로 사용이 가능함
13. 회의와 작업이 가능한 2층 교사실
14. 입체 수납이 되는 3층 교재실

15. 놀이와 다용도 행사가 가능한 3층 유희실

16. 옥상에 설치된 이동식 햇빛가리개

2층 평면도

3층 평면도

17. 1층 계단 입구의 도서영역

18. 낮은 문으로 된 영아 화장실

19. 영아 보육실영역 구성

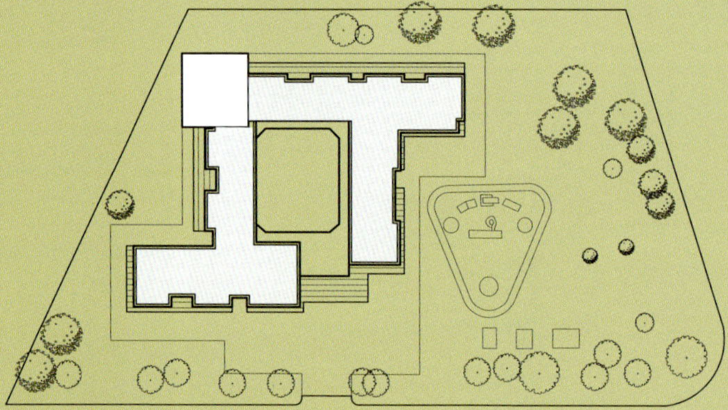

포스코 (광양)어린이집

중정이 있는 집과 같은 건물형태

위치 전남 광양시 금호동 688번지	**시설유형** 직장 어린이집	**설립연도** 1985년 유치원 개원, 2006년 어린이집으로 재개원	**건물유형** 단독건물
층수 지상 1층	**대지 면적** 2,000㎡	**건축면적** 1,690㎡ 중 981㎡	**실외놀이터 면적** 1,652㎡	**아동 1인당 시설면적** 9.9㎡
운영시간 오전 7시 30분~오후 8시	**아동 수** 99명	**종사자 수** 20명(교사 15명(인턴교사 3명 포함), 원장 · 영양사 · 미화원 각 1명, 취사원 2명)
반 편성 **만 1세**: 1개 반 / 정원 15명 / 교사 3명	**만 2세**: 1개 반 / 정원 21명 /교사 3명	**만 3세**: 2개 반 / 정원 40명 / 교사 4명
만 4세: 1개 반 / 정원 23명 / 교사 2명

설립목적

포스코 (광양)어린이집은 푸른보육경영에서 위탁 운영하는 포스코 직원 자녀들을 위한 직장 어린이집이다.

프로그램 목표

기본적 운동능력을 기르고, 건강하고 안전한 생활습관을 갖게 한다. 건강한 자아 개념과 자율성을 습득하고 다른 사람과 더불어 살아가는 능력을 기른다. 자신의 개성과 창의적으로 사고하고 표현하는 능력을 기른다. 생각과 느낌을 말이나 글로 잘 표현하고 다른 사람과 의사소통하는 능력을 기른다. 주변환경에 대해 호기심을 갖고 탐구하는 태도와 기초적 사고능력을 기른다.

프로그램 철학 및 내용

유능한 아동, 스스로 행동하는 아동, 기쁘게 생활하는 아동, 다른 사람을 존중하는 아동을 보육목표로 삼고 놀이중심 프로그램을 실시하고 있다. 만 1세는 오감각 체험을 통한 자발적인 탐색 프로그램, 만 2세는 자율성 증진을 위한 주도적 놀이 프로그램, 만 3, 4세는 생활주제 중심 통합적 활동 프로그램을 실시하고 있다. 일반적으로 푸르니어린이집에서는 만 3, 4세 혼합연령을 대상으로 진행하고 있지만, 이 어린이집에서는 연령비율이 맞지 않아 단일연령으로 만 3세 반, 만 4세 반을 각각 운영하고 있다. 이러한 기본적인 프로그램과 함께 지역 특성상 문화적인 혜택이 부족할 수 있으므로 만 3, 4세를 대상으로 도서관 체험활동을 주기적으로 실시하고 있다. 또한 어린이집에 도서관을 설치하여 독서활동 프로그램을 진행하며, 도서대여를 통해 가정과 연계하여 아동의 독서량을 늘리고자 노력하고 있다.

또한 친환경안심놀이터 공모전에서 우수상을 수상하였으며, 2009년부터는 자연생태 프로그램을 선생님들이 자체적으로 개발하여 진행하고 있다. 아동이 주변의 자연을 무심히 보는 것이 아니라, 관심을 갖고 탐색하여 관찰할 수 있도록 프로그램을 진행한다. 예를 들면 쑥을 뜯어보는 것뿐만 아니라 생활주제와 연관시켜 쑥즙을 짜서 그림을 그려 보는 활동을 하는 등 주제와 연계한 활동을 지속적으로 진행하면서 아동이 식물이 자라고 변화되는 과정 자체를 볼 수 있도록 하는 것이다.

1. 건물 측면의 다양한 놀이기구 및 시설이 있는 실외놀이터와 잔디밭
2. 건물 입구에 아동, 교사, 부모의 만남의 장소로 활용할 수 있게 되어 있는 캐노피
3. 아동들이 출입하기에 충분한 공간의 출입구
4. 출입구 앞 공간에 게시판과 벤치를 설치한 모습

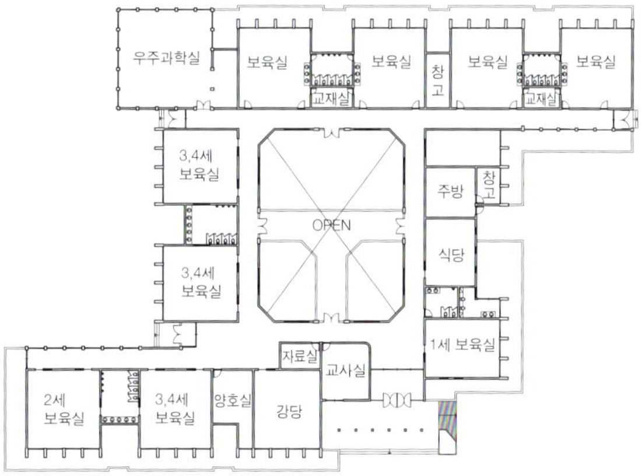

'ㅁ자형'으로 구성된 평면도와 중정

5

6

이러한 자연생태 프로그램을 계절적 특성에 맞게 구성하여 봄에는 쑥, 여름에는 고구마, 가을에는 감, 겨울에는 김장 등의 주제를 선정하여 활동을 계획하여 진행한다. 이렇게 아동과 1년 동안 실시한 활동평가를 통해 텃밭이나 자연에 국한되지 않고 전체 실외놀이에서 할 수 있는 프로그램 개발을 계획하고 있다.

특이사항

포스코 광양사옥 자체가 도시와 분리되어 있어 어린이집도 지역사회와 분리되어 있다. 어린이집 입학기준은 맞벌이부부나 여직원이 우선순위이지만, 실질적으로 맞벌이부부나 여직원의 비율이 그렇게 높지는 않다. 20~25% 정도가 맞벌이부부이고 나머지는 일반 가정이기 때문에 다른 직장 어린이집보다는 다양한 학부모들의 요구와 의견이 있다고 한다.

배치특성

1985년에 유치원으로 개원하여 2006년 어린이집으로 개조한 후 재개원하였다. 맞은편에는 포스코 직원들의 주택이 마주보고 있으며, 간선도로에 면해 완충녹지와 옥외놀이터를 두고 건물은 분리되어 있다. 뒤편으로 낮은 구릉지가 있어 아동들이 모험놀이터로 활용할 수 있는 유리한 대지(부지)조건이 갖추어져 있다.

건물외관은 스페인 양식으로 하얀 벽과 붉은 스페니쉬 기와로 되어 있으며, 보육실 동쪽 전면에는 아치 캐노피를 두고 벽체를 후퇴시켜 일사량을 덜 받도록 친환경적으로 구성되어 있다. 건물배치는 내부 중정을 중심으로 'ㅁ자형'으로 구성

7

8

9

10

5. 복도의 코너를 활용한 독서영역
6. 복도의 코너를 활용한 독서영역과 컴퓨터영역
7. 복도 한쪽에 설치된 컴퓨터영역
8. 자유롭게 이동하고 움직이며 대근육활동을 할 수 있는 유희실
9. 단조롭고 긴 복도에 벽감을 설치하여 벽면에 입체감과 변화를 주는 복도
10. 벽면 그래픽으로 아동의 흥미를 불러일으키는 복도

되어 있다. 내부 중정은 영아들이 실외놀이를 할 수 있도록 데크와 모래, 흙바닥을 제공하여 영아용 실외놀이터로 활용하고 있다. 또한 다양한 종류의 나무를 심어 정원을 만들었으며, 펜스를 둘러 나무를 보호하고 있다. 건물 앞에는 텃밭을 만들어 아동들이 여러 가지 채소의 성장과정을 학습할 수 있는 기회를 제공하고 있다. 단층 형태의 건물인 이 어린이집은 아동이 실내외를 자연스럽게 드나들 수 있어 실외놀이 활동의 접근성을 높여줄 수 있도록 배치되어 있다.

주차장은 건물 전면에 있으며, 실외놀이터는 여러 가지 놀이기구와 정자 등이 설치되어 있고, 잔디밭이 제공되고 있다.

평면특성

포스코 (광양)어린이집의 건물형태는 'ㅁ자형'으로 1세 반 보육실은 동남쪽, 2세 반과 3, 4세 반은 전면창이 남서쪽으로 되어 있어 밝고 외부를 직접 내다볼 수 있어 아동들이 주변 환경을 잘 이해할 수 있도록 되어 있다. 현관입구에 들어서면서 교사실과 자료실이 왼쪽에 배치되어 있고 코너를 이용하여 독서영역과 컴퓨터영역을 마련하여 보육실 이외에 복도를 아늑한 공간으로 잘 활용하고 있다.

실내에서 진입할 수 있는 중정은 영아용 실외놀이터로 활용할 수 있을 뿐 아니라 수공간을 제공하고, 나무를 심어 안뜰 정원으로서 활용되어 영유아들의 정서발달에 많은 도움을 줄 수 있는 공간이 되고 있다.

11. 영아용 놀이터로 사용하고 있는 건물 중앙에 있는 중정
12. 아동들의 정서적 안정에 도움을 줄 수 있는 중정에 설치된 수공간과 테크

13

14

15

16

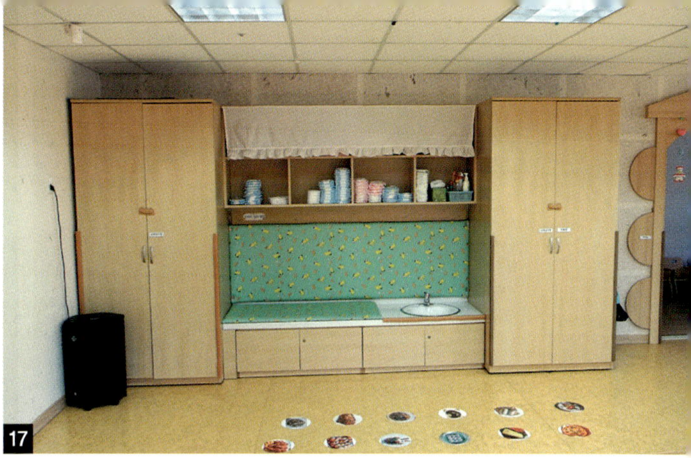

17

18

19

13. 신체적 움직임을 촉진시킬 수 있도록 오르기와 미끄럼틀이 설치된 보육실

14. 보육실에 인접한 화장실

15. 감각 및 탐색활동을 촉진시킬 수 있는 보육실

16. 영역별 교재교구가 풍부한 보육실

17. 좌식 기저귀갈이대와 수납공간

18. 건물 외관의 모습

19. 건물 측면에 조영되어 있는 정원의 모습

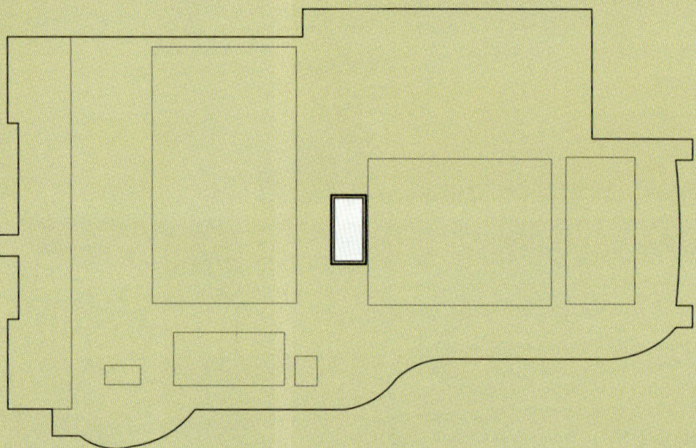

무역센터 꿈나무어린이집

중심상업지역에서 공동 출자하여 키우는 꿈나무들

| **위치** 서울 강남구 삼성1동 코엑스 컨벤션센터 2층 | **시설유형** 직장 어린이집 | **설립연도** 2007년 개원 | **건물유형** 복합건물 |
| **층수** 지상 4층 건물에서 2층에 소재 | **연면적** 772.0㎡ | **실내놀이터 2개 면적** 158.0㎡(실내모래놀이터 포함) | **아동 1인당 시설면적** 9.4㎡ |
| **운영시간** 오전 8시~오후 8시 | **아동 수** 82명 | **종사자 수** 12명(교사 10명, 원장 1명, 취사부 1명) | **반 편성** **만 1세**: 1개 반 / 정원 12명 / 교사 3명
| **만 2세**: 1개 반 / 정원 16명 / 교사 3명 | **만 3~4세**: 1개 반 / 정원 28명 / 교사 2명 | **만 5세**: 1개 반 / 정원 26명 / 교사 2명

설립목적

무역센터 꿈나무어린이집은 한국무역협회, 코엑스, 한국무역정보통신(KTNET), 한국도심공항 네 개 회사가 공동 출자하고 푸른보육경영에서 위탁 운영하고 있는 직장어린이집이다.

프로그램 목표

유능한 아동, 스스로 행동하는 아동, 기쁘게 생활하는 아동, 다른 사람을 존중하는 아동을 보육목표로 삼고 아동들이 성장한 후 자신만의 색깔을 최대한 표현하는 것에 가치를 둔다.

프로그램 철학 및 내용

만 1세는 오감각체험을 통한 자발적인 탐색 프로그램, 만 2세는 자율성 증진을 위한 주도적 놀이 프로그램, 만 3~4세는 생활주제 중심 통합적 활동 프로그램, 만 5세는 초등학교 준비를 위한 반구조화 학습 프로그램을 실천하고 있다. 각 연령별로 각각의 연간주제, 월간 · 주간보육계획을 계획하고, 발달 연령에 맞게 흥미영역을 배치하고 있다.

만 5세 반은 1년 동안 1주일에 한 번씩 원장이 아동들과 함께 책 만들기 프로그램을 실시한다. 프로그램이 끝난 후 전시회처럼 출판회를 열고 이를 해서 아동들이 성취감을 얻을 수 있는 활동을 하고 있다고 원장은 전한다. 초등학교 준비를 위해 학습을 하는 것이 아니라 자연스럽게 초등학교와 연계되도록 흥미영역별로 활동을 특화하여 제공한다.

원장은 놀이중심에 대한 부모님들의 잘못된 이해를 돕기 위해 영유아가 가장 즐겨 하는 상상놀이 및 역할놀이와 학교에서 행해지는 학습의 연계과정을 설명한다. 아동들이 주도권을 갖고 놀이를 선택해서 자신의 생각을 펼치는 놀이는 현재 초등학교에서 강조하는 자기 주도적 학습과 일맥상통한다.

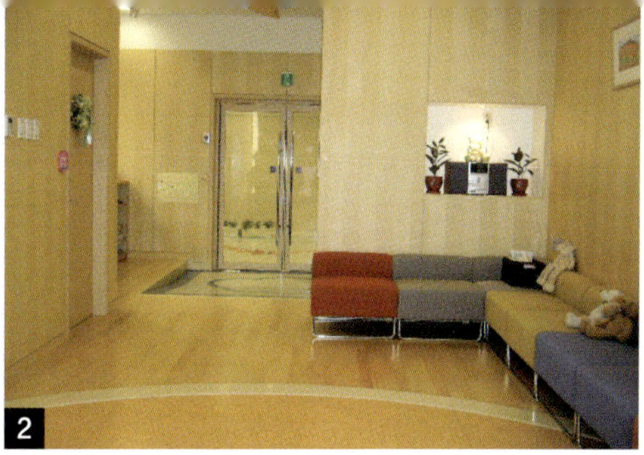

1. 출입구와 천장의 어린이집 영역표시
2. 현관 입구의 부모 대기공간
3. 3~4세 보육실 내 역할놀이영역
4. 화장실 내 세면대
5. 미끄럼틀이 있는 유아유희실
6. 5세 보육실 전경
7. 자연광 광섬유가 설치된 천장이 있는 복도
8. 아동의 출입을 확인하는 현관 옆 사무실과 하부 신발장

평면도

9

10–1

10–2

하루 종일 어린이집에서 생활하는 영유아들에게 실외놀이는 필수적이라고 할 수 있지만, 서울 도심 한복판 웅장한 규모의 건물 2층에 자리 잡은 꿈나무 어린이집은 별도의 실외놀이터가 없다. 이러한 점을 보완하기 위해 어린이집 내에 영유아를 위한 대근육공간이 별도로 마련되어 있다. 또한, 모래놀이터도 실내에 위치하고 있다. 실외놀이에서 일어날 수 있는 동적인 활동도 실내에서 실시해야 하고, 어린이집 건물의 내부에 있기 때문에 코엑스 안전관리팀에서 공기질, 습도, 온도를 어린이집에 맞게 개별 관리해주고 있다.

실내공간에 동적인 놀이를 할 수 있는 시설이 보완되어 있다 하더라도 아동들이 밖으로 나가 할 수 있는 활동에 대한 기회를 늘리기 위해 코엑스 건물 주변을 적극적으로 활용한다. 회사 직원들의 휴식시간, 안전 등을 고려하여 코엑스 건물 주변에 아동들이 실외놀이를 별도로 할 수 있는 공간을 확보하고 있다. 훌라후프와 같이 운반이 편리한 신체활동 교구를 가지고 밖으로 나가 활동을 하거나 생활주제별로 계획된 실외활동을 하고 있고, 우크렐레를 가지고 나가서 음률활동, 대근육놀이도 하고 있다. 또한, 여름에는 돗자리를 가지고 나가서 그 위에 누워서 하늘을 보는 탐색활동 및 그림책을 보는 등의 정적인 활동도 함께 실시하고 있다.

코엑스 건물 앞에 위치한 잔디밭은 울타리로 경계가 나누어진 공간은 아니지만 회사측의 협조로 아동들이 놀이하는 데 불편함이 없다. 코엑스 안전요원들이 아동들이 실외활동을 할 때 조금 더 신경을 기울여 방범을 해주고 있으며 작은 운동회, 민속마당 같은 넓은 공간이 필요한 행사는 회사 잔디밭에서 실시하고 있다.

9. 유아 유희실 내부의 실내 모래놀이터

10. 둘러싸여 있는 아늑한 도서실

11. 밝고 깨끗한 식당

12. 천장까지 활용하는 교사실 겸 자료실

13. 꺾이는 교차공간 디자인

특이사항

네 개 회사가 공동출자한 직장보육시설로 어린이집을 단독으로 설치하기 부담스러운 직장 어린이집 관계자들에게 많은 관심을 받고 있다.

모든 학급에 교사가 2명 이상 배치되어 있어 팀티칭의 장점을 살리고, 보다 질 높은 보육을 위해 교사 대 아동비율을 낮추어 운영하고 있으며(예를 들어 만 1세의 경우 영아 9명당 교사 3명), 교사교육을 적극적으로 실천하고 있다.

보통 어린이집은 1층에 위치하고 있는데, 코엑스 건물 특성상 유동인구가 많기 때문에 1층보다는 외부로 통하는 통로가 적절하게 배치되어 있는 2층에 어린이집을 설치하였다. 전용 실외놀이터가 없는 것을 보완하기 위해 실내공간에 모래놀이터 설치하고 영아와 유아로 구분된 유희실을 확보하였으며, 회사의 조경시설, 공터 등을 실외놀이터로 대체하여 발달에 적합한 대근육활동을 제공하고 있다.

배치특성

무역센터 꿈나무어린이집은 도심지 중심상업지역에 있는 코엑스 컨벤션센터 2층에 위치하고 있으며, 1층에서 에스컬레이터를 이용하여 2층으로 올라오고 복도를 거쳐 출입 현관에 도착한다. 복합시설 내에 위치하여 현관에서부터 공용의 복도까지는 입구의 영역성을 확보하여 영유아에게 친근하고 편안한 공간을 조성하고자 노력하고 있다.

평면특성

평면유형은 복도를 중심으로 양쪽에 보육실을 배치하는 중복도 형식이며, 두 개의 보육실 사이에 화장실과 수납장을 두고 있다. 현관 주변에는 사무실, 식당 및 조리실을 두고, 다음으로 보육실 그리고 마지막에는 유희실, 도서실, 교사실 겸 자료실을 배치하였다. 실내에 위치하고 있어 기계식 공기조화를 하지만 어린이집은 기존 시설의 덕트와 구분하여 별도의 덕트로 개별적 관리를 한다. 또한 하루 종일 실내에 있는 것을 고려하여 실내가 자연광에 노출되도록 자연광을 실내에 유입하는 친환경 태양광 조명시스템을 사용한다. 또한 현관 이외에도 피난을 할 수 있는

14. 밤하늘 별자리를 표현한 바닥, 벽, 천장의 원형공간
15. 재미를 준 복도공간
16. 원장실 겸 양호실

17

18

출구를 조리실, 보육실, 자료실 등에도 두어 피난이 용이하며, 복도가 서로 만나는 교차점에는 높은 천장을 이용하여 별자리 조명을 설치하고 공간의 인지도를 높이고 있다.

- **1층** : 코엑스 로비
- **2층** : 현관, 사무실, 부모 대기공간, 보육실 4개(1세 1개실, 2세 1개실, 3~4세 1개실, 5세 1개실), 화장실 2개, 영아 유희실, 유아 유희실, 모래놀이터, 식당, 조리실, 교사실 겸 자료실, 성인화장실

4개의 보육실은 상부에 투명 원형창이 있는 미닫이문으로 출입하며, 보육실 사이에는 양쪽에서 진입하여 사용하는 화장실과 각 실의 벽에 붙여서 사용하는 수납장, 싱크가 설치되어 있다. 어린이집 전용의 옥외놀이터가 없는 것을 보완하기 위해 영아 유희실과 유아 유희실을 구분하여 설치하였으며, 영아 유희실은 영아보육실 바로 옆에 위치하고 유아유희실은 실의 규모가 크고 천장이 높아 다양한 운동이 가능하며 한쪽에는 실내 모래놀이터를 만들어 모래를 만지며 놀 수 있는 공간을 마련하고 있다.

현관을 들어서면 부모 대기공간을 두어 잠시 쉴 수 있는 공간을 배려하고 있으며 사무실은 원장실과 겸용하여 사무, 상담 및 양호 등이 이루어진다. 교사실은 시

17. 영아 유희실

18. 영아실의 낮잠준비 모습

19. 영아 유희실 근육발달을 돕는 놀이기구

20. 유아보육실의 영역별 구성 모습

21. 유아보육실의 역할놀이영역

22

설 맨 끝단에 설치하여 잠시 휴식을 취할 수 있는 공간을 마련했다. 피난을 위한 긴 복도 벽면에는 자료를 두는 수납장을 설치하고 있다. 실내에서 장시간 생활하는 것을 고려하여 주택과 같은 편안하고 부드러우며 자극적이지 않은 색채와 질감을 적용하고 있다.

대규모 실내 공간의 일부를 차지하고 있어 실내 스프링클러 설치뿐만 아니라 피난거리를 최소화하기 위해 비상출구가 다섯 곳으로 분산 배치되어 영유아안전을 도모하고 있다.

23

24

25

22. 유아보육실의 전경
23. 바닥깔개로 영역구성을 명확하게 함
24. 낮은 칸막이로 프라이버시 고려
25. 교사실 겸 교재실

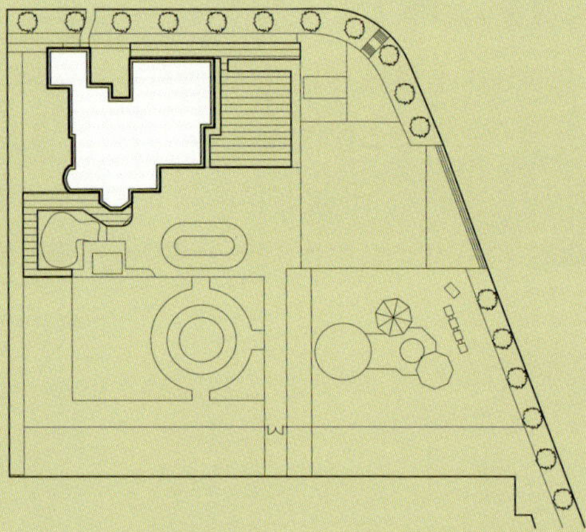

한국수자원공사 부설 물사랑어린이집

보육실 내에 물놀이영역이 있는 어린이집

| **위치** 대전시 대덕구 연축동 산 6-2 한국수자원공사 내 | **시설유형** 직장어린이집 | **설립연도** 2003년 개원, 2010년 신축 | **건물유형** 단독건물 |
| **층수** 지상 2층 | **연면적** 528.90㎡ | **실외놀이터** 면적 627㎡ | **아동 1인당 시설면적** 7.1㎡ | **운영시간** 오전 8시~오후 8시 | **아동 수** 74명 |
| **종사자 수** 14명(교사 9명, 원장 · 주임교사 · 사무보조 · 취사원 · 미화원 각 1명) | **반 편성** **만 1세**: 1개 반 / 정원 10명 / 교사 2명
| **만 2세**: 1개 반 / 정원 14명 / 교사 3명 | **만 3~4세**: 1개 반 / 정원 30명 / 교사 3명 | **만 5세**: 1개 반 / 정원 20명 / 교사 1명

설립목적

물사랑어린이집은 한국수자원공사에서 근무하는 직원들의 자녀를 위한 직장어린이집으로 한남대학교 아동복지학과에서 위탁 운영하고 있다.

프로그램 목표

내 집처럼 편안하고 안전한 환경에서 어머니의 정성이 담긴 양육과 개인차를 고려한 발달에 적합한 교육을 제공하여 아동의 전인적 성장을 도모한다.

프로그램 철학 및 내용

물사랑어린이집에서는 한남의 '아동중심' 철학에 기초하여 영유아를 보육한다. 한남 아동중심 보육 프로그램은 아동의 인격과 존엄성을 그 중심에 두고, 모든 운영과 절차에 있어서 다른 무엇보다도 아동의 발달과 권리를 존중하는 결정을 내리는 것을 원칙으로 한다. 한남 아동중심 보육프로그램에서 추구하는 인간상은 한남대학교의 창학 이념인 '진리 · 자유 · 봉사' 정신에 바탕을 둔 '참된 사람', '꿈을 이루는 사람', '사랑을 나누는 사람'이다. 이러한 프로그램의 기본 철학은 보육시설 운영의 모든 부분에 녹아들어가 있는데, 예를 들어 물사랑 어린이집 각 반의 이름은 자유를 '꿈꾸는 반', 진리를 추구하는 '해맑은 반', 사랑이 '샘솟는 반' 등이다.

1. 현관입구에 개인 신발장 및 방문객을 위한 여분의 신발장이 충분히 배려되어 있으며, 밝고 환한 느낌을 주고 있음
2. 각 보육실을 드나들면서 자연스러운 만남이 유도될 수 있는 1층 광장
3. 아동들이 옥외공간을 시각적으로 접할 수 있도록 1층 옥외 데크와 연계시킨 만 1세 보육실
4. 보육실 내에 물사용영역을 화장실과 연계하여 시각적으로 개방감을 유지하면서 유지관리상의 문제를 동시에 해결하고 있는 만 2세 보육실
5. 현관 쪽으로 창이 나 있어 외부관찰이 용이한 원장실

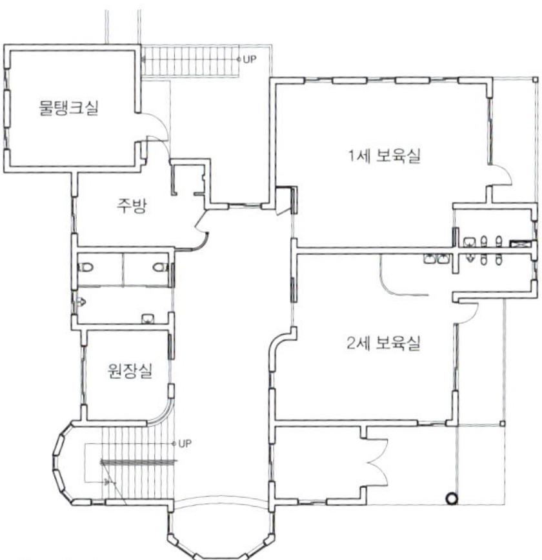

1층 평면도

6. 활동전시 및 책 읽는 공간이 마련된 주택에서의 거실과 같은 역할을 하고 있는 2층 광장
7. 교사들의 작업영역과 휴식공간이 한 켠에 마련되어 있는 2층 교사실

어린이집의 하루 일과 운영도 아동의 발달수준과 흥미에 맞추어 진행된다. '한남 아동중심 보육 프로그램'을 기본으로 한 정규 프로그램에서 가장 강조하는 것은 아동이 자율적으로 자신의 흥미에 따라 실행하는 자유놀이를 통하여 전인적인 발달을 이끌어내는 것이다. 따라서 물사랑어린이집에서는 보육실 내의 공간을 흥미영역으로 구분하고 생활주제에 따라 교재교구를 잘 갖추어 놓아 각 흥미영역에서 아동이 자유롭게 놀이할 수 있도록 유도한다. 따라서 하루 일과 중 오전 · 오후 실내 자유놀이가 큰 비중으로 이루어지고 있으며, 실외 자유놀이도 매일 실시하는 편이다. 이 또한 한국수자원공사 본사 내에 위치하고 있어 주변에 잘 관리된 공원, 산책로, 연못, 넓은 축구장 등이 있다. 이러한 주변환경을 최대한 이용하여 다양한 실외놀이를 실시하고 있다.

물사랑어린이집의 원장은 자유놀이가 원활하게 진행되고 아동의 발달을 촉진하는 결과를 이끌기 위해서 가장 중요한 것은 교사의 역할이라고 생각한다. 자유놀이시간 동안 아동의 개별적인 발달수준에 맞추어 놀이를 활성화하고, 적절한 상호작용을 해주는 유능한 교수활동을 위해서 교사의 장학과 보수교육을 강조하는 것은 한남 아동중심 보육 프로그램의 특징이기도 하다. 따라서 이 어린이집에서는 일년 동안 주제를 정하여 교사세미나를 실시하는 한편, 연구수업을 실시하여 교사장학에 힘쓰고 있다. 또한, 한남대학교 아동복지학과 학생들이 보조교사나 자원봉사자로 참여함으로써 성인 대 아동 비율을 낮춰 질 높은 보육을 실천하고자 한다.

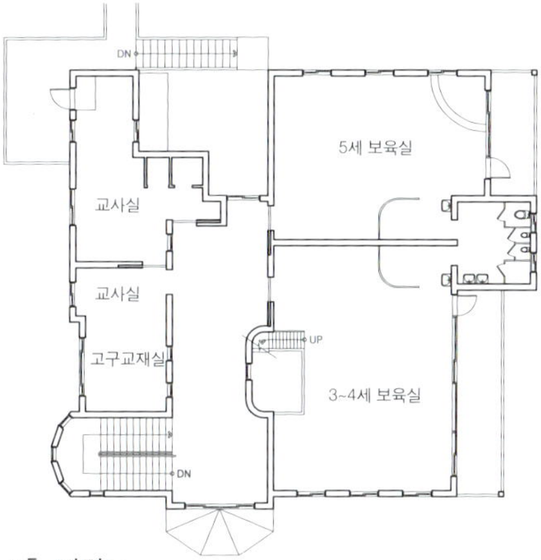

2층 평면도

8. 2층 교사실과 연계된 교재교구실

9. 교구장과 가구에 의해 흥미영역이 구성된 만 5세 보육실

8

9

특이사항

만 3~4세 혼합연령으로 구성되어 만 4세 아동들은 만 3세 동생들을 대하며 리더십을 기르고, 만 3세는 만 4세를 모방하는 등 또래 간 학습이 일어나는 긍정적인 효과를 도모한다.

어린이집 본관과 통로로 연결된 전용 강당이 있어서 대근육놀이나 부모교육, 교사교육 공간으로 사용하고 있다.

1층 영아보육실에서 실외로 현관을 거치지 않고 나갈 수 있는 구조로 되어 있어 아동들이 자연과 연계되어 있는 보육환경을 느낄 수 있도록 설계되어 있다.

현관 앞에 부모를 위한 대기공간이 비교적 넓게 자리잡고 있어 영유아의 작품을 전시하거나 부모를 위한 책을 비치해 놓고 있다.

배치특성

물사랑어린이집은 트인 정면을 제외하고는 삼향이 산으로 둘러싸여 있다. 기존 어린이집은 리모델링하여 유희실 및 기자재 보관실로 사용하고 있다. 보육실에서는 데크를 통하여 외부로 직접 출입이 가능하고, 2층에서는 높은 천장고를 활용하여 복층구조의 놀이공간을 만들어 아동에게 다양한 공간경험을 할 수 있도록 하는 것이 특징이다. 보육시설의 평면유형은 중앙에 큰 홀을 중심으로 남측 보육실과 북측 서비스공간으로 나뉘며, 보육시설 전면에 데크를 두어 옥외놀이 및 야외 학습공간으로 활용할 수 있도록 하였다.

평면특성

현관에 들어서면 홀의 서쪽 면에 부모들이 쉴 수 있는 휴게공간이 있다. 각 실은 홀을 중심으로 연결되어 있으며, 각 실끼리의 동선은 연결되어 있지 않다. 각 연령별로 보육실이 한 개씩 배정이 되어 있으며, 각 보육실은 언어영역, 수·과학영역, 소꿉영역, 쌓기영역 등의 흥미영역으로 나누어져 있다. 원장실은 현관에서 들어오는 방문객 및 아동들을 볼 수 있도록 현관 쪽으로 창이 나 있다. 1층의 보육실은 외부공간과 유기적으로 연결되어 있어 야외학습 및 옥외 놀이공간을 지원해준다. 그

10

11

10. 높은 천장고를 활용하여 복층구조의 놀이집을 설치한 만 3~4세 보육실

11. 기존 어린이집을 리모델링하여 날씨가 좋지 않거나, 어린이집 전체활동 등을 위한 공간으로 사용하고 있는 유희실

12. 어린이집 행사 시 강당 무대로도 사용되는 유희실

리고 화장실이 개방형으로 되어 있어 아동의 안전에 각별한 주의를 기울인 점을 알 수 있다. 2층 보육실은 바닥의 높낮이를 달리하고 계단으로 오르내리는 놀이집을 배치하여 보육실을 보다 재미있는 공간으로 구성하였다. 교사실은 교재교구실과 직접 연결되어 있어 교재관리의 효율을 높였다. 홀에는 아동들이 앉아서 책을 읽을 수 있는 공간이 마련되어 있다.

- ○ **1층** : 현관, 원장실, 보육실 2개, 화장실, 주방, 부모 휴게실
- ○ **2층** : 교사실, 보육실 2개, 교재교구실

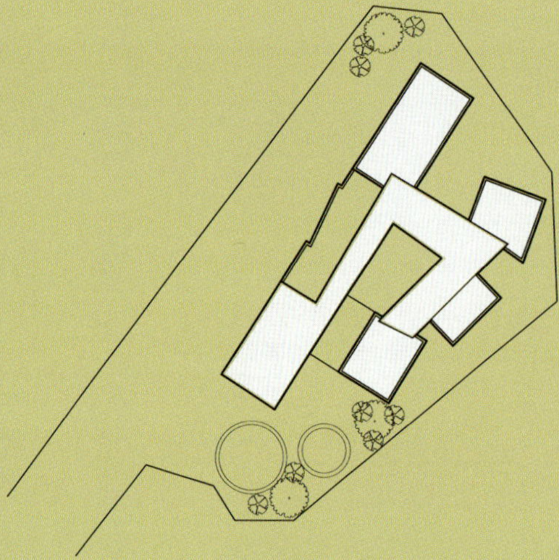

햇살가득 어깨동무어린이집

생태주의가 강조된 공동육아 프로그램

| **위치** 광주 광산구 송치동 474-12 | **시설유형** 부모협동어린이집 | **설립연도** 2006년 | **건물유형** 단독건물 | **층수** 지상2층 |
| **연면적** 313.7㎡(1층 220㎡, 2층 93.7㎡) | **실외놀이터 면적** 60㎡ | **아동 1인당 시설면적** 6.3㎡ | **운영시간** 오전 8시~오후 6시 | **아동 수** 85명 |
| **종사자 수** 11명(교사 9명, 취사원 1명, 운전사 1명) | **반 편성 만 2세**: 2개 반 / 정원 15명 / 교사 2명 | **만 3~4세**: 2개 반 / 정원 30명 / 교사 2명 | **만 4세 이상**: 2개 반 / 정원 40명 / 교사 2명

설립목적

햇살가득 어깨동무어린이집은 2003년에 부모들이 일하는 사무실 한 켠에서 품앗이 보육을 하다가 조합을 만들어 가정보육시설을 설립한 후 차츰 규모를 넓혀 공동보육의 목적으로 설립된 어린이집이다.

프로그램 목표

생태주의 교육을 적용해 아동에게 숨어 있는 무한한 잠재력을 키우면서 몸과 함께 마음의 성장을 이끌어 가는 데에 목적을 두고 있다.

프로그램 철학 및 내용

햇살가득 어깨동무어린이집에서는 자연, 건축과 '어깨동무'한 공간에서 온갖 공부와 또래와의 경쟁에 내몰려 서로 단절되고 고립되는 요즘 아동과는 달리 함께 나누는 법과 자연을 대하는 법 등을 우선으로 배우기를 추구한다. 현대의 세태처럼 부모의 욕심을 위해서가 아닌 오로지 아동을 위해 만들어진 것이다. 발도르프전문보육시설은 아니지만 자발적으로 보육교사 자격증을 취득한 부모교사가 발도르프 공부를 하면서 발도르프 프로그램을 조금씩 적용하고 있다.

특이사항

어린이집을 만들고 운영하는 주체는 개인이 아니라 50여 가구 부모들의 모임인 '공동육아협동조합 어깨동무'이다. 즉, 개인이 영리를 위해 지은 집이 아니라 학부모인 조합원들이 조합비를 분담해 지은 공동체의 산물이고, 프로그램 계획이나 운영도 조합원들의 총회에서 민주적으로 결정한다. 아동의 발달수준에 맞는 보육 프로그램을 운영하는 것을 원칙으로 하고, 아동들이 자유롭게 발산할 수 있도록 하기 위해서 매일 오전 · 오후 한 시간 반 정도 주변 논과 밭, 마을에서 나들이를 한다.

1. 어린이집 전면에 넓게 확보된 자연소재를 이용한 실외놀이터공간
2. 부엌 다용도실 뒷 편으로 보이는 기존의 대나무숲을 활용하여 만들어진 뒷마당공간
3. 어린이집 전면에 실내 · 외를 유기적으로 연결시켜 주고 있는 누마루형식의 전면데크공간

4

공동육아협동조합 어깨동무와 생태주의 건축 연구소가 생태주의적 교육이념과 건축철학을 공유하면서 2005년에 설계를 시작하여 2006년에 개원하였다.

배치특성

햇살가득 어깨동무어린이집은 광주시 외곽 시골마을에 위치하고 있다. 어린이집 전면에는 농지, 배면에는 야산 주거지가 있으며, 건물은 경사지 부지를 이용하여 후면에 건물이 배치되어 있다. 철근콘크리트 기초 위에 지상 2층의 목구조로 되어 있으며, 1층에는 건물의 중앙에 위치한 중정과 기존의 대나무숲을 활용하여 만든 뒷마당 등 충분한 외부공간 및 보육실과 연계된 데크 등으로 구성되어 있어 아동들에게 다양한 실외공간에 대한 경험을 제공하고 있다.

5

6

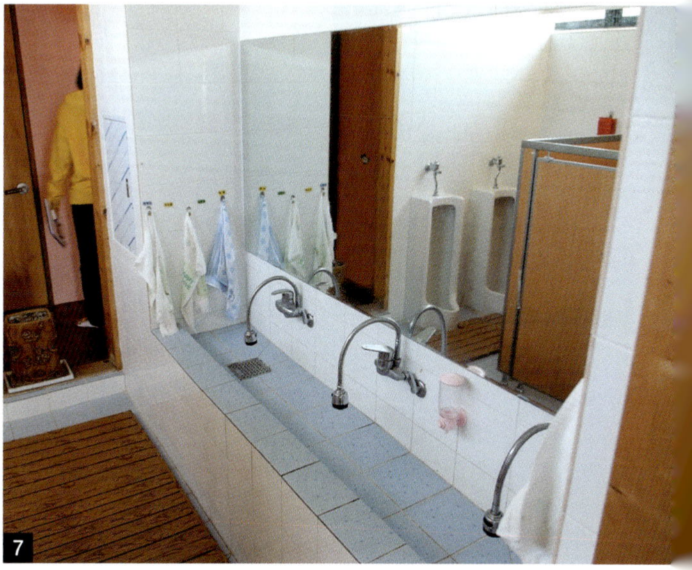

7

4. 중앙거실 및 2층과 연계되는 중정마당
5. 모든 보육실과 연계성을 주기 위해 데크로 연결시키고 있으며, 지나면서 중정을 접할 수 있음
6. 어린이집 입구의 내부 현관 출입영역
7. 아동들의 신체조건에 맞추어진 화장실 세면대

평면특성

보육시설의 평면유형은 중앙에 거실공간 및 거실에서 직접 연계되는 중간 마당을 중앙에 두고 양쪽 날개에 보육실과 지원공간을 계획하고 있다. 특히, 보육시설 전면에 데크공간을 두어 조망이나 실외놀이 및 야외학습공간으로 활용할 수 있게 하였다. 가능한 아동들에게 건강한 공간을 제공하기 위해 흙벽돌과 나무, 황토 등 자연소재를 주재료로 사용하였으며, 보육실은 넓은 창을 사용하여 자연채광을 극대화하였다. 각 층별 구성은 다음과 같다.

○ **1층** : 보육실 3개, 현관, 사무실, 유희실, 조리실, 식당, 보일러실, 다용도실, 화장실, 뒷마당
○ **2층** : 보육실 2개, 화장실

현관에서 1층으로 들어서면 중앙에 주택의 거실과 같은 공용공간이 있고, 좌측으로는 가정식 주방이 위치하고 있으며, 다용도실이 주방공간과 연계되어 있어 일반 주택의 부엌과 같은 느낌을 준다. 거실의 한쪽 벽면에는 아동들이 놀이를 할 수 있는 실내 유희공간이 마련되어 있으며, 반대편에는 중정공간이 중앙의 거실공간과 직접 연계되고 있다. 각 보육실은 자연친화적인 소재인 목재로 마감되어 있으며, 실외와 실내의 전이공간 역할을 하는 데크가 마련되어 있다. 그리고 건물의 1층 전면공간에는 누마루 형태(정자나 누각을 지을 때 바닥처럼 높게 만든 마루로, 대부분 1층은 통로로 이용되고, 2층에 마루를 형성한다)의 데크가 있어 실외와 실내공간을 유기적으로 연결시켜주고 있다. 이외에도 넓은 창으로 계획된 보육실을 통해 뒷마당, 앞마당, 중정 등 다양한 실외공간들을 조망할 수 있게 되어 있다.

2층은 보육실 2개와 화장실로 구성되어 있는데, 2개의 보육실에 함께 있는 좌우측의 데크공간은 아동들의 실외놀이 활동공간을 지원해 주며, 또한 2층 계단을 통해 1층 중정으로 직접 내려갈 수 있게 되어 있다.

8. 어린이집을 들어서면 제일 먼저 집의 거실과 같은 공용공간을 만나게 됨
9. 1층 거실공간에 마련되어 있는 유희 공간
10. 1층 거실공간과 연계되어 있는 집 주방과 같은 느낌을 주는 조리실
11. 조리실 옆 다용도실

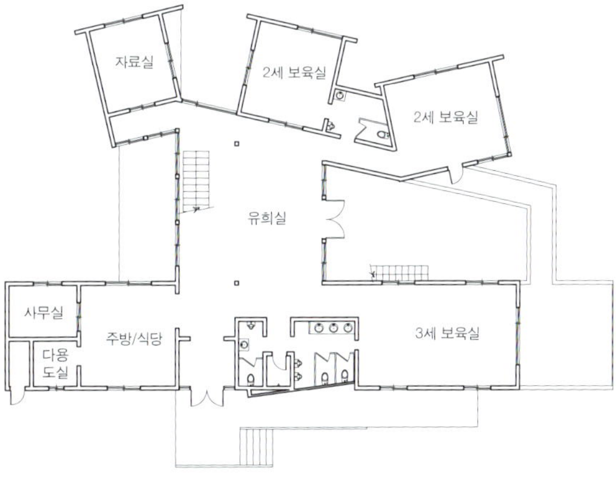

1층 평면도

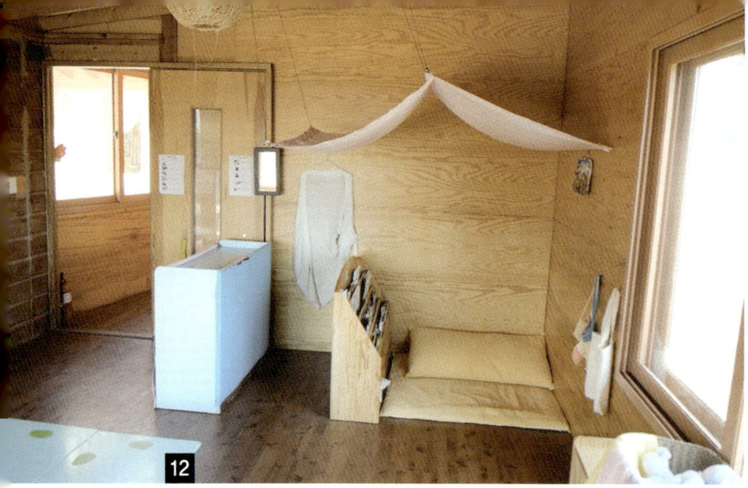

12. 보육실은 자연채광을 최대한으로 유입하고 있고, 자연친화적인 재료로 마감하였으며, 보육실 내에 아늑한 휴식공간이 마련되어 있음
13. 2층에 위치한 만 3세 보육실로서 실외 데크와 연계되어 있으며, 1층 중정공간으로 통하게 되어 있음
14. 보육실 사이 복도에 설치된 아동 의 신체크기를 고려해서 설치된 세면대

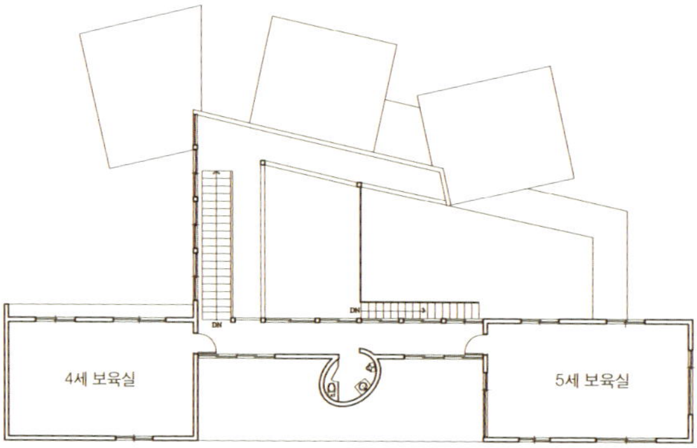

2층 평면도

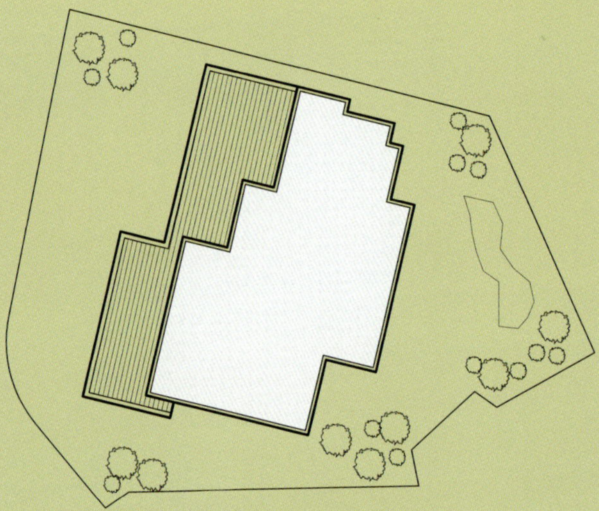

서남 발도로프어린이집

한국적인 발도로프교육의 산실

위치 서울 서대문구 충정로 3가 3-106	**시설유형** 민간 어린이집	**설립연도** 1991년 개원, 2002년 서남 발도로프어린이집으로 재개원
건물유형 단독건물	**층수** 지상 2층	**대지면적** 621.0㎡	**연면적** 366.0㎡	**아동 1인당 시설면적** 8.3㎡	**운영시간** 오전 8시~오후 8시
아동 수 44명	**종사자 수** 8명(교사 5명, 취사부 1명, 관리인 1명)
반 편성 만 1세: 1개 반 / 정원 5명, 교사 1명	**만 2~6세**: 3개 반 / 정원 39명 / 교사 3명

설립목적

서남 발도로프어린이집은 동양그룹 故 서남 이양구 회장의 주택을 서남재단에서 인수하여 1991년 저소득층 가정의 아동을 위한 보육시설인 별나라어린이집으로 개설한 민간 어린이집이다. 이후 2002년 '인간 안에는 모든 것을 종합하는 조화의 재능이 존재하고 있다', '우리의 행복과 소망은 평화로운 협동생활 속에 있다'라는 서남의 정신을 추구할 수 있는 발도로프어린이집으로 재개원하였다. 현재 어린이집을 개방하여 발도로프교육을 국내에서 실천, 보급하고 있으며 한국적인 발도로프교육을 스스로 배우고 찾아나가는 교육의 장이 되고 있다.

프로그램 목표

서남 발도로프어린이집의 보육철학은 모든 교직원이 열려 있는 자세로 아동의 행복과 건강을 위해 교육적인 생활공간을 마련하는 데 있다. 이러한 교육철학은 루돌프 슈타이너의 인지학과 발도로프교육에 근거를 두고 있다. 슈타이너는 인간의 건강한 발달과 성장을 7년 주기로 설명하고 있는데, 첫 7년인 영유아기 동안 아동은 보편적으로 걷고, 말하기를 시작하며, 사고 및 상상력과 의지력의 발달이 이루어진다. 따라서 발도로프 프로그램의 목표는 아동들의 건강한 발달과 성장을 위한 생활공간을 구성하고 모방과 모범을 통한 학습, 상상력의 발달, 리듬 있는 생활, 감각교육을 실천하는 데 있다.

프로그램 철학 및 내용

서남 발도로프어린이집에서는 아동의 자연스러운 발달이 인간적인 관계에 의해 이루어질 수 있도록 어린이집 생활에서 교사와 아동의 만남은 모든 교육의 기본이 된다. 따라서 아동들이 어린이집에 머무는 동안 기본적으로 모든 종사자들은 아동의 생활공간에 함께 하는 성인들로서 일상적인 말, 행동, 역할에 의미를 가지고 수행한다. 특히 교사는 아동들에게 밀접한 교육적 영향을 미칠 수 있는 성인으로 모든 일에 진지하게 행동하며 어린이다운 발달을 스스로 개발시켜야 한다.

1

2

3

4

1. 주택으로 보이는 어린이집 외관과 출입문

2. 어린이 크기의 나무가 있는 1층 현관 출입구

3. 2층 테라스와 연결된 미끄럼틀 비상구

4. 2층 테라스

서남 발도로프어린이집의 교육내용 및 방법으로는 다음과 같이 생활리듬, 라이겐, 예술작업, 동화 및 이야기 들려주기, 인형극, 자연물로 된 놀잇감 등이 있다.

○ **생활리듬** : 아동은 인간 삶의 리듬을 바탕으로 년, 월, 주, 하루의 일과를 보내고 있다. 이를 위해 우리의 설, 보름, 추석 등의 민속 명절과 다양한 풍습, 계절의 변화를 해마다 반복하여 체험한다. 아동에게 상상력의 발달과 안정감을 주고 반복의 즐거움을 느낄 수 있도록 2~4주 동안 같은 시간에 같은 동화를 들려주고, 주기적으로 그리기, 아침식사 만들기, 다양한 조형작업을 하는 예술적인 활동 및 인형극, 라이겐(윤무)을 실시하고 있다.

○ **라이겐** : 리듬적 활동의 하나인 라이겐은 교사가 짓거나 기존의 아동을 위한 운율이 담겨 있는 시, 노래, 동화의 내용을 이용하여 아동들과 함께 자연현상이나 인간의 문화적인 행위를 신체적인 움직임으로 표현하는 것이다. 이것은 TV, 컴퓨터, 비디오 등 신체적인 활동을 점차 빼앗아가는 현대사회에서 야기될 수 있는 아동들의 내적 · 신체적 움직임의 저해현상을 치료하는 의미를 가지고 있다. 아동의 의미 있는 신체적인 움직임은 이후 문자교육(쓰기)이나 수 · 기하학교육에 필요한 기초적인 능력으로 발달된다.

○ **예술작업** : 예술작업은 주로 교사에 의해 이루어지며 인형 만들기, 요리, 수놓기, 조각, 바느질, 놀잇감 만들기, 명절이나 풍습, 기타 특별한 날을 준비하는 과정을 진행한다. 이를 통해 아동은 교사의 진지한 예술활동을 경험하고 인간생활에 필요한 모든 문화적인 행위, 조형과정을 직접 또는 간접적으로 체험함으로써 노동의 가치, 물건이 생산되는 과정, 인간에 의해 만들어진 물건의 소중함과 함께 자연과 더불어 사는 삶을 배우게 된다. 예술적인 작업은 주로 자유놀이 시간에 진행되어, 아동들의 자율적인 참여를 통하여 아동 내면으로부터 우러나오는 의지와 인위적이지 않은 모방이 함께 작용할 수 있도록 한다.

○ **동화 및 이야기 들려주기, 인형극** : 인간의 삶을 권선징악으로 표현하고, 아동들의 심리적 갈등과 현상을 상징적으로 나타내고 있는 동화의 원리는 성인들의 논리로 이해할 수 없는 아동들에게 적절한 형태와 의미를 지니고 있다. 이렇게 동화 자체가 포함하고 있는 도덕적 · 교육적 의미를 보존하고 아동들 스스로의

5

7

8

6

9

5. 출입을 유도하는 바닥 디딤목

6. 벤치에 앉아 신발을 신을 수 있는 현관

7. 식생활을 경험하도록 해주는 싱크대 주변

8. 교사의 의자가 있는 보육실의 출입구

9. 2층 보육실의 구성

상상력에 의해 다시 한 번 재창조될 수 있도록 하기 위해, 이야기는 그림을 동반하지 않고 교사가 직접 들려주고 있으며, 이야기가 끝난 후에도 '교육적' 목적에 의한 교화나 교훈을 하지 않는다. 인형극을 위한 인형 또한 등장인물의 성격묘사를 위한 과장된 모습을 띄지 않고 색깔에 의한 상징적인 표현을 하고 있으며, 간단한 얼굴모습으로 아동들로 하여금 구체적인 것을 스스로 상상할 수 있도록 한다. 특히 교사는 동화 속의 상징적인 의미와 등장인물에 대해 스스로 충분히 공감하고 상상함으로써 이야기를 들려주고 인형도 제작하고 있다.

○ **자연물로 된 놀잇감** : 놀잇감들은 기능이 정해져 있거나 플라스틱으로 만들어진 기존의 생산품들이 아닌 크고 작은 천, 조개껍질, 나무토막, 돌, 말린 과일, 씨앗 등의 자연물을 이용하여 아동 스스로 상상력과 조형능력을 가지고 다양한 놀이를 할 수 있게 한다. 이러한 놀이를 통해 아동은 가장 자연스러운 방법으로 자연과학, 수, 기하학, 언어 등을 실험 · 발달시키고 있다.

특이사항

교사협의체에서 교사가 2년 임기로 돌아가며 원장의 역할을 수행하고 있어 공동체의 시설임을 지향하고 있다.

교사는 아동의 발달단계를 따라가면서 앞으로 전개되는 전 생애를 위한 힘을 기르도록 책임감을 가지고 아동들과 생활하고 있다. 또한 아동을 보호하는 차원에서 벗어나 부모와의 협력작업을 통해 사회와 부모가 요구하는 것을 수용하고 성인들이 먼저 끊임없이 자기교육을 함으로써 아동들의 모방과 모범의 대상이 되고 있다. 즉, 아동으로 하여금 가르침보다는 교사의 예술적이고 창의적인 생활태도를 통해 진지한 삶을 경험할 수 있게 하고 인형극과 동화의 세계를 많이 접하도록 한다.

또한 리듬적인 활동뿐만이 아니라 호흡을 하듯 자신의 내면을 펼치며 외부로부터 자신을 끌어들일 수 있는 외적 활동과 내적 활동이 반복되는 생활과 자연물로 된 놀이감으로 자연의 창조적인 힘을 마음껏 느끼게 한다.

10. 보육실 전경
11. 어린이 눈높이에 맞춘 장식
12. 식생활을 통해 경험을 키우도록 하는 보육실 내부의 간이부엌
13. 2층 보육실 입구 아동용품 보관장소

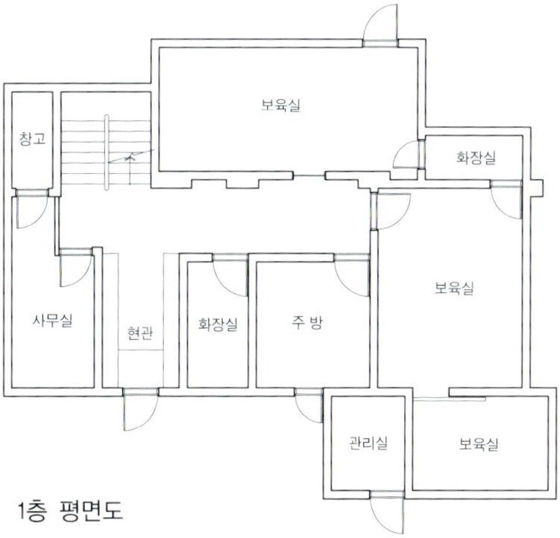

1층 평면도

배치특성

서남 발도로프어린이집은 경사지 일반주택지역에 위치한 2층 단독주택을 어린이집으로 개조한 것이다. 건물을 대지의 중심에 두고 출입구에 면한 후면 마당과 거실 쪽에 면한 전면 마당으로 나누어 출입구에서는 어린이들이 활동하는 마당이 보이지 않아 안전하다. 또한 각 층 보육실에는 마당 또는 지상층으로 나갈 수 있는 비상탈출구와 경사로가 있어 안전하다.

옥외놀이터에는 복합놀이대 등 플라스틱 또는 철제로 된 놀이기구가 설치되어 있지 않다. 대신 모래놀이, 나무집, 벤치 등을 두어 자연이라는 놀잇감을 즐기고 상상할 수 있도록 하고 있다. 텃밭에 채소를 키우고, 원두막을 만들기도 하여 가정의 일상적인 옥외활동을 경험할 수 있는 공터를 마련해 놓고 있다.

평면특성

어린이집의 평면유형은 1층에서는 복도를 중심으로 한쪽에 보육실을 두고, 다른 한쪽에는 보육시설을 지원하는 화장실과 조리실을 두었으며, 2층에서는 계단실을 중심으로 양쪽에 보육실을 배치하고 있다. 1층 현관에는 어린이들이 스스로 앉아서 신발을 신을 수 있는 벤치를 두고 있으며, 현관에 인접하여 사무실을 두어 출입을 확인하고 있다. 각 보육실에는 화장실이 인접하여 영유아의 출입이 용이하며, 2층 보육실에는 별도의 낮잠실을 두어 일상생활에서 쉬어가는 시간의 중요성을 보여주고 있다.

- **1층** : 보육실 2개(만 2~6세 2개실), 화장실, 현관, 사무실, 조리실, 성인화장실, 창고, 계단실, 관리실
- **2층** : 보육실 2개(만 1세 1개실, 만 2~6세 1개실), 수면실, 화장실, 교사실, 창고, 테라스

14. 2층 보육실 내 활동영역 구성

15. 천장이 낮은 낮잠실의 가구와 침구

16. 높이를 낮춘 세면대

17. 플라스틱 놀잇감은 없애고 나무로 구성한 실외 놀이공간

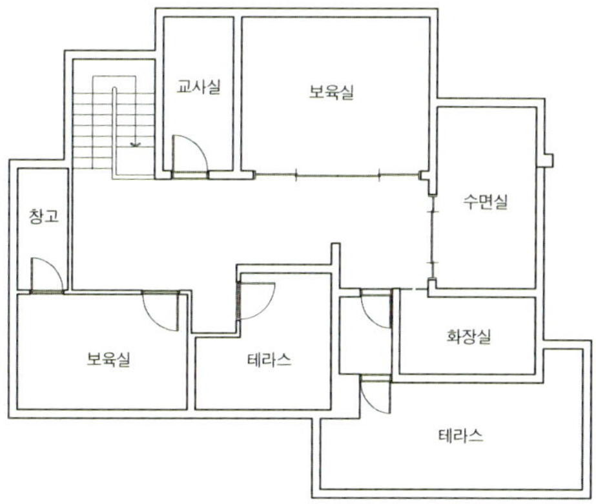

2층 평면도

18

크기가 큰 2개의 보육실에는 음식을 조리하고 설거지하며 일상생활을 경험하는 소규모 주방공간이 있다. 그리고 각 보육실에는 자연물로 된 놀잇감과 헝겊인형, 예술활동 도구들이 벽을 따라 가지런히 교구장에 놓여져 있다. 표준보육과정에 따른 영역의 구성이 따로 구분되어 있지 않으나, 각 보육실의 영역은 둘로 나누어 책상과 의자에 앉아 활동을 하는 영역과 바닥에 둘러 앉아 라이겐, 동화 들려주기 및 인형극 등을 할 수 있는 비어진영역으로 나누고 있다. 또한 보육실에는 성인인 교사가 앉을 수 있는 큰 의자가 있어 교사와 어린이가 함께 생활하는 공간임을 나타낸다. 수면실의 경우 2층 보육실에 붙어 있으며, 천장이 낮고 아늑하게 구성되어 있다.

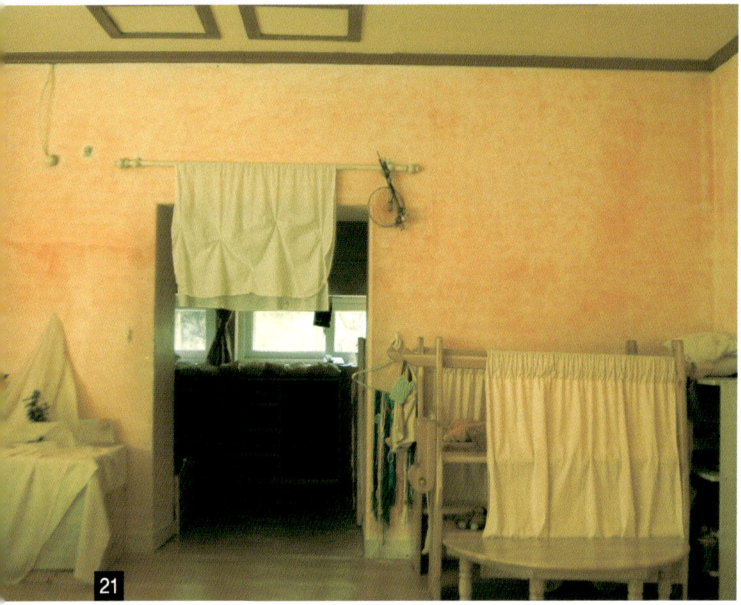

18. 나무 등의 자연물을 이용한 놀잇감
19. 1세 놀잇감
20. 2~6세의 자연놀잇감
21. 천이나 뜨개실이 활용되는 보육실
22. 교사를 중심으로 배치된 책상
23. 자연과 어머니의 생활을 통한 놀잇감
24. 헝겊인형

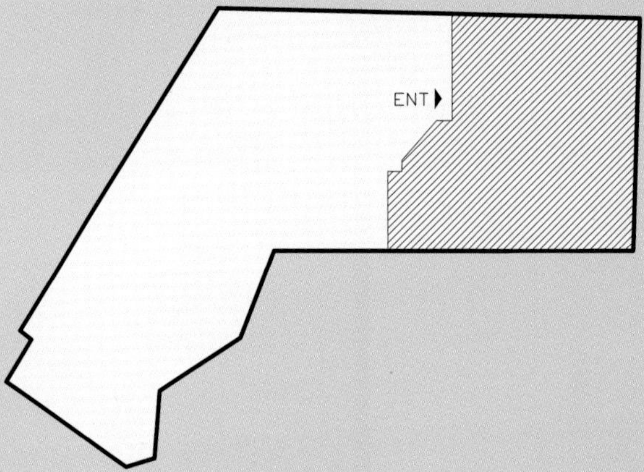

성모어린이집

보육에서 교육까지 지역주민과 함께 하는 어린이집

| **위치** 대전 중구 대흥동 520, 성모초등학교 예수수도회교육센터 내 | **시설유형** 민간 어린이집 | **설립연도** 2006년 개원 | **건물유형** 복합건물 |
| **층수** 지하 2층, 지상 6층 중 1층 일부 사용 | **연면적** 건축면적 1,636.0㎡, 연면적 9,150.0㎡ 시설 중 어린이집 연면적 426.0㎡, 실내놀이터 1개 107.0㎡ | **아동 1인당 시설면적** 9.7㎡/인 | **운영시간** 오전 8시~오후 8시 | **아동 수** 44명 |
| **종사자 수** 9명(교사 7명, 원장 1명, 취사부 1명) | **반 편성** **만 0세**: 1개 반/정원 6명/교사 2명 | **만 1세**: 1개 반 / 정원 5명 / 교사 1명 | **만 2세**: 정원 14명 / 교사 2명 | **만 3~4세**: 1개 반 / 정원 19명 / 교사 2명

설립목적

대전 성모어린이집은 '항상 즐겁고 명랑하라'는 좌우명을 바탕으로 일생을 그리스도의 사랑으로 가난한 이를 사랑하는 데 바친 교육자이자 예수수도회의 창설자인 메리워드의 정신에 따라 저소득층 자녀와 성모병원, 성모초등학교, 성모여자고등학교의 직장인 자녀를 위해 설립된 어린이집이다.

프로그램 목표

전인적 교육에 힘쓰며, 영아의 발달적 잠재력에 대한 신뢰와 존중을 바탕으로 양질의 보육과 좋은 환경을 제공함으로써 그리스도의 참사랑을 실천하고자 한다.

프로그램 철학 및 내용

성모어린이집은 표준보육과정에 준하여 신체 · 사회 · 정서 · 언어 · 인지적으로 조화롭고 전인적인 영유아의 성장과 발달을 돕고, 자율적 가치관을 기반으로 우리 사회와 민족, 국가에 기여할 민주적이며 창의적인 사회구성원을 길러낸다는 보육철학을 가지고 운영하고 있다. 놀이중심 활동을 연령별로 적절히 제공하며 놀 수 있는 시간을 충분히 주어 자유롭게 놀 수 있도록 한다. 또한 감각 운동에 적합한 다양한 놀잇감을 제공하여 발달에 적합한 자극을 주도록 하고 있다.

특이사항

아동에게는 몬테소리 프로그램을 적용하고, 전 연령에게는 오르프 음악교육과 다양한 체육활동, 다도를 교육하여 전인적 발달을 돕는다. 또한 모래놀이 치료시설을 잘 갖추어 놓음으로써 문제 행동을 보이는 아동들에게 효율적인 행동 수정을 할 수 있도록 하고 있다.

1. 아치장식이 돋보이는 외관
2. 거실중심형의 둥근 천장을 한 유희실
3. 교육센터 1층 홀에 면한 주출입구
4. 앉아서 기다릴 수 있는 벤치가 마련된 출입구 진입부분
5. 거실중심형의 유희실과 현관입구

배치특성

성모어린이집은 콘서트홀, 수영장 등의 성모초등학교 시설과 수녀원, 강의실, 기도실 등의 예수수도회 관련 시설 및 어린이집으로 구성된 6층 규모의 복합용도시설의 1층에 위치하고 있다. 후면 도로에서 지하 1층으로 진입하는 것이 용이하며, 시설자재는 친환경자재를 이용하고 장방형의 획일적인 공간구성과 의장계획에서 벗어나 아이들의 자유분방한 움직임을 따라 공간을 배치하고 아치, 발코니 및 파스텔 색조 등을 사용하여 따뜻하고 섬세한 의장을 구성하였다.

평면특성

보육시설의 평면유형은 중앙에 유희실을 두고 유희실 주변으로 보육실, 관리 및 서비스시설을 설치한 거실중심 형식이며, 현관에서 가까운 곳에 유아보육실을 두고, 가장 멀리 떨어진 곳에 0~1세 영아 보육실을 두어 조용하고 안정된 분위기를 유지하고 있다. 영아 위주의 시설로서 실내 중심에 위치한 유희실에는 영유아 발달에 적합한 놀이기구영역을 설정하고, 밝고 즐거운 실내놀이환경을 조성하고 있다.

- **1층** : 현관, 사무실(원장실, 교사실 겸용), 유희실, 보육실(0세 1개 반, 1세 1개 반, 2세 2개 반, 3~4세 1개 반), 화장실 3개, 조리실, 식당, 세탁실 및 창고, 성인 화장실

보육실은 상하에 놓인 두 개의 투명한 원형 창이 있는 미닫이문으로 출입하며, 보육실 사이에는 화장실을 설치하여 양쪽 보육실에서 사용하고 있다. 영아실에는 벽에 붙여서 가구화된 수납장과 싱크가 설치되어 있으며, 기저귀갈이대는 교사가 서서 기저귀를 갈고 싱크대를 깊게 하여 영아를 세워 씻길 수 있다. 중심의 유희실에는 둥근 꽃모양의 천장구성과 둥그렇게 공간을 감싸는 벽으로 마감하여 밝은 실내공간을 마련하고, 일부 칸막이벽을 설치하여 한쪽에 조리실과 면해 좌식 식탁을

6. 2세 보육실의 둥근벽을 이용한 디자인
7. 역할놀이영역
8. 앉아 책을 읽는 영역
9. 2세 보육실
10. 영아의 대근육활동영역
11. 놀이공간이 보이는 사무실과 현관

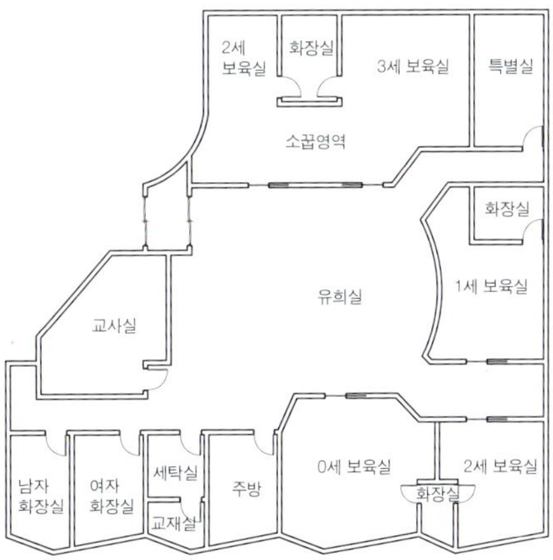

1층 평면도

12. 영아반 침구장과 기저귀갈이대 싱크
13. 교구장으로 활동영역을 구분한 3~4세 보육실
14. 넓은 창으로 햇빛이 많이 들어오는 화장실
15. 2~4세 보육실 사이에 위치한 화장실
16. 비상탈출구로 향하는 복도를 꽃의 터널로 꾸밈
17. 깊이가 깊어 어린이를 세워 씻길 수 있는 0세 보육실 청결싱크

두고 식사영역을 두어 냄새와 소음이 유희실 전체에 퍼지는 것을 막고 있다. 교육센터 1층 홀에서 어린이집 현관 옆에는 부모가 앉아서 대기하는 대기공간을 두고 현관 옆에 면한 사무실에서는 현관을 관찰하며 원장 상담, 교사 회의 및 휴게, 사무 등이 복합적으로 이루어진다.

복합용도시설 중 모래놀이치료실, 옥외발코니 등을 활용하여 영유아 발달특성과 다양한 옥외활동을 진행하고 있다.

18. 주방 앞에 공원사진으로 영역을 구분한 식당
19. 3~4세 보육실 손끼임방지 미서기문
20. 수납장과 회의테이블이 있는 교사실 겸 사무실
21. 실외놀이공간
22. 지하 델타샌드연구소 내 모래치료공간
23. 채광과 환기가 잘 된 주방

24. 코너를 이용하여 아동의 크기에 맞춘 영역 구성
25. 보육실을 진입하는 복도에 개인물품을 두는 장소
26. 세탁실 및 창고
27. 기저귀갈이대와 반대편에 설치한 주방싱크와 어린이받침대
28. 깔개로 구분한 쌓기영역
29. 출입문에 놓인 개인별 옷걸이 및 사물함
30. 대근육활동이 이루어지는 중심에 있는 거실같은 유희실

31. 영아에 맞춘 부드러운 놀이감
32. 잔디가 있는 마당 같은 놀이터
33. 벽과 교구장을 이용하여 활동영역을 구분
34. 사무실겸교사실의 수납장으로 벽면정리
35. 이름표를 붙인 교재교구박스와 간이사다리
36. 서양고전풍의 예수수녀회교육센터 1층에 위치한 어린이집

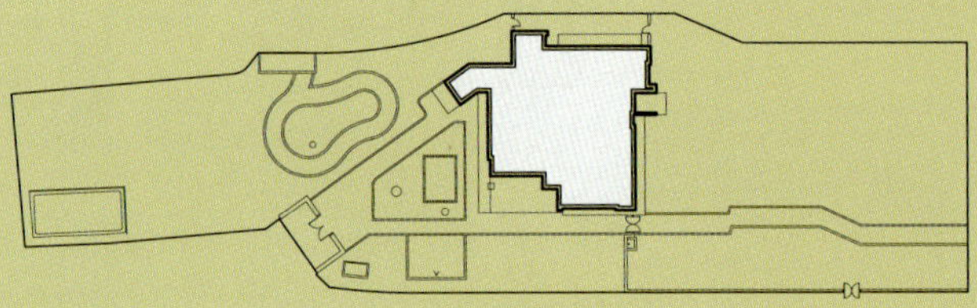

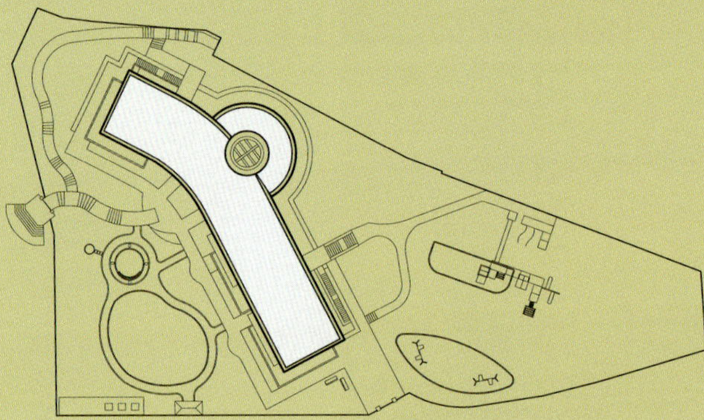

연세대학교 어린이생활지도연구원

아동의 흥미와 요구에 따른 개방주의 교육철학

위치 서울 서대문구 신촌동 134	**시설유형** 기타(유치원+어린이집+연구센터)	**설립연도** 연구동 1975년, 본관 2002년	**건물유형** 단독건물
층수 본관 지상 2층 지하 1층, 연구동 지상 2층	**건축면적** 본관 594.7㎡, 연구동 174.4㎡	**연면적** 본관 1,615.6㎡, 연구동 403.1㎡
아동 1인당 시설면적 8.0㎡	**운영시간** 유아반(만 3~4세 반) 오전 9시 30분~오후 1시 30분, 유치반(만 5세) 오전 9시~오후 2시	**아동 수** 252명
종사자 수 28명(교사 16명, 원장, 원감, 부원감 각 1명, 사무 · 행정 담당직원 · 영양사 · 조리사 · 건물관리인 및 환경미화 담당자 9명)
반 편성 만 2세*: 8개 반 / 정원 96명 / 교사 3명	**만 3~4세**: 4개 반 / 정원 100명 / 교사(보조교사) 2(1)명
만 5세: 2개 반 / 정원 56명 / 교사(보조교사) 2(1)명

* 영아반은 담임교사가 한 반씩 전담해서 자신의 반을 운영하는 것이 아니라 3명의 교사가 8반을 나누어 담임하고 있어 개설된 반의 수와 교사 수가 비례하지 않음

쌓기
영역

설립목적

연세대학교 어린이생활지도연구원은 아동의 신체적 · 정신적 발달과 각자가 지닌 소질을 개발시키고, 아동 · 가족학과 학생들에게 아동의 발달과정과 생활을 직접 관찰하고 지도할 능력을 기르게 하며, 대학원생 및 교수들의 아동 · 가족 관련 전반에 대한 연구를 하고, 부모교육 및 지역 사회의 성인교육, 전국에서 일하는 지도자를 재훈련하고자 설립되었다.

프로그램 목표

아동에 대한 신뢰와 존중심을 바탕으로 하여 유능한 사람, 자율적인 사람, 탐구심을 가진 사람, 창의적인 사람, 원만한 대인관계를 가진 사람으로 아동이 성장하는 포괄적이고 근본적인 인간교육을 목표로 하고 있다.

프로그램 철학 및 내용

이 어린이생활지도연구원은 아동에 대한 신뢰와 존중을 바탕으로 개별적인 학습과 상호작용을 강조하는 개방주의 교육철학과 발달적 상호작용 이론에 기초하여 연세 개방주의 교육을 실시하고 있다. 구체적인 교육철학은 다음과 같다.

- ○ 아동의 발달적 잠재력에 대해 신뢰감을 갖는다.
- ○ 아동의 개별성을 인정하고 존중한다.
- ○ 아동의 구체적 경험과 상호작용을 통해 학습한다.
- ○ 아동의 긍정적 자아개념, 유능감, 자발성, 창의성을 강조한다.

교사 대 아동, 환경과 아동간의 상호작용 및 개별학습의 기회를 극대화하고, 아동이 주도적으로 이끄는 놀이중심의 경험을 장려한다. 만 3~4세 혼합연령으로 집단을 구성하여 아동간의 폭넓은 경험을 강조하고, 교사 팀티칭을 통해 개별 아동의 요구에 부합되는 교육을 지향한다. 실내활동 뿐 아니라 실외에서의 다양한 경험과 활동 선택을 장려하고, 실내외의 환경을 스스로 탐색하고 배울 수 있도록 개방적이고 융통성 있게 운영한다.

1. 본관의 현관과 1층 보육실 출입문은 형태와 색을 달리 하여 쉽게 구별할 수 있음
2. 집과 같은 친숙한 외관의 연구동 현관 앞에는 캐노피와 벤치를 두어 내부와 외부의 전이공간으로 만듦
3. 넓은 창이 있어 채광과 조망이 좋은 연구동의 현관
4. 복도에는 아동수납장과 게시판이 아동 눈높이에 맞도록 낮게 설치되어 있음

개방주의 교육철학이 가장 강조되는 유아반 교사는 아동이 스스로 발견하도록 도와주는 역할을 한다. 아동이 흥미영역에서 개별적으로 선택하는 놀이와 교사가 소집단으로 진행하는 센터활동으로 하루일과가 이루어지며, 교사가 주도하는 대집단활동은 가급적 축소한다. 사전에 교육계획을 하지만, 실제 활동은 아동의 흥미와 요구에 따라 전개되기 때문에 실제 실시된 내용과는 차이가 있을 수 있어 교사는 매일 기록하여 다음날 교육계획에 반영한다.

유치반에서는 유아반과 마찬가지로 자유놀이시간을 통해 아동이 개방적으로 각자의 요구와 흥미에 따라 놀이에 참여하도록 한다. 자유놀이시간 후에는 교사가 계획하고 조직하여 아동 모두가 참여하게 되는 집단활동시간이 첨가된다. 특히 유아반과 달리 한 가지 주제에 대해, 적절한 장소로 외부 견학을 가거나 대중매체를 활용하여 알아봄으로써 직 · 간접적으로 심화된 경험을 하도록 돕고 있으며, 이를 교육주제와 놀이에 반영한다. 유치반에서는 직접 경험을 통한 보다 심화되고 확장된 놀이뿐만 아니라 보다 구조화된 학습상황을 경험하고 집단에서의 협동과 공동작업도 실시하고 있다.

특이사항

만 3~4세 혼합연령으로 구성되어 있지만 만 3세와 만 4세의 일과가 다르게 운영된다. 만 4세 아동들은 매일 5시간 수업하며, 만 3세 아동들은 반에 따라 1일 3시간 혹은 4시간 수업한다.

두 명의 담당교사와 보조교사가 팀을 이루는 팀티칭을 실시하여 동시에 여러 가지 활동을 진행함으로써 연령과 능력이 각기 다른 아동과 개별적인 상호작용을 하는 데 도움이 된다. 교실에 일방경이 설치된 관찰실이 있어 아동의 수업에 방해되지 않게 수업 모습을 참관하거나 아동, 교사를 관찰할 수 있다.

유아를 대상으로 하는 프로그램뿐 아니라 만 2세 영아와 부모를 위한 엄마/아빠와 함께 하는 영아교육 프로그램, 초등학생을 대상으로 하는 과학캠프도 실시하고 있다.

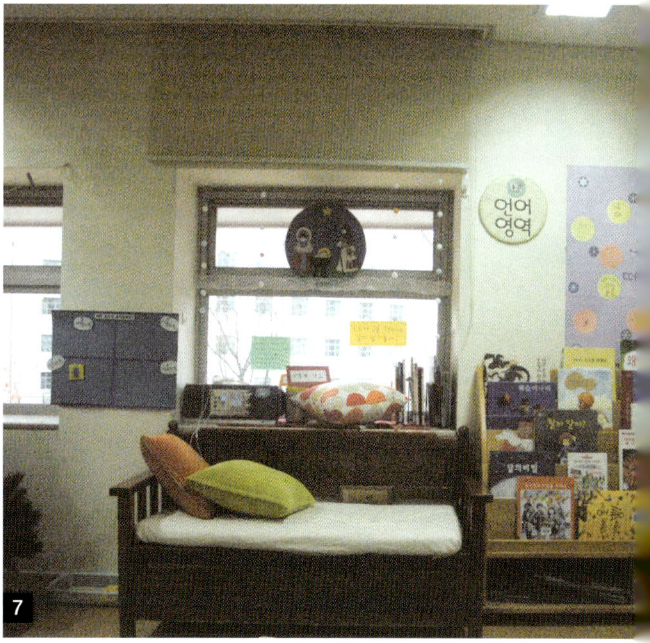

5. 본관 1층 보육실은 실외놀이터 쪽 벽면 전체를 창으로 하여 실내와 실외를 시각적으로 연결시키고, 실외놀이터로 바로 나갈 수 있는 출입문이 있음
   5-1. 보육실에서 실외놀이터로 나가는 출입구의 신발장
6. 본관 2층 보육실은 창턱을 깊게 하여 장식물이나 아동작품을 전시하는 공간으로 사용하고 있음.
7. 교사와 아동 모두 사용할 수 있도록 보육실에 둔 편안한 의자

연구원 내에 아동가족상담센터도 함께 있어 상담과 검사프로그램이 제공되고 있으며, 온라인을 통해 일반인을 대상으로 사이버 상담서비스가 이루어지고 있다. 그리고 연구원 아동의 부모를 대상으로 하는 부모교육프로그램, 교사 재교육을 실시하는 교사교육센터가 있어 성인을 위한 교육도 담당하고 있다.

배치특성

어린이생활지도연구원은 연세대학교 캠퍼스 내에 위치하고 있으며, 수목이 우거진 자연 속에 자리잡고 있다. 이러한 자연환경은 도시환경에서 자라는 아동에게 자연의 변화를 느끼고 즐길 수 있게 해주며, 과학적 탐구심을 일으키게 한다. 어린이생활지도연구원의 실내·외 환경은 아동의 발달적 요구와 흥미에 기초하여 융통성 있고 개방적으로 되어 있다. 어린이생활지도연구원은 본관과 연구동의 2개 건물로, 본관은 만 3~5세를 위한 유아교육 프로그램이, 연구동은 엄마/아빠와 함께 하는 영아교육 프로그램이 실시되고 있다. 그리고 주변 자연환경과 지형 특징을 이용하여 아동발달 특성을 고려한 크고 작은 4개의 놀이터(사과나무 놀이터, 소나무 놀이터, 밤나무 놀이터, 해당화나무 놀이터) 등 다양한 실외놀이터가 있다. 특히 1층 보육실에서 실외놀이터로 바로 나갈 수 있으며, 2층의 경우 뒤편 언덕에 있는 실외놀이터와 연결되어 있어 아동들이 자유롭게 실외놀이를 할 수 있도록 배려하였다. 작은 동산과 언덕을 이용한 흔들다리와 미끄럼, 타이어 짐, 그물망 오르기, 사과나무 놀이터의 다목적시설, 언덕 지형을 이용한 물놀이 시설, 자전거길, 모래놀이터 등으로 다양한 설비를 갖추고 있다.

평면특성

본관

- **지하층** : 다목적 강당, 자료실
- **1층** : 현관, 보육실 3개, 화장실, 도서실
- **2층** : 보육실 2개, 화장실

연구동

- **1층** : 현관, 보육실 1개, 화장실
- **2층** : 보육실 1개, 화장실

8. 연구동 1층 보육실은 바닥과 창틀이 목재로 되어 있어 편안한 분위기를 내고, 알코브와 편안한 가정용 의자 등이 설치되어 있음
9. 연구동 2층 보육실은 경사진 천장으로 아동에게 색다른 공간을 경험할 수 있도록 함
10. 본관 보육실 내 화장실에는 높이가 다른 세면대와 거울을 설치하여 아동과 성인이 함께 사용할 수 있도록 함
11. 연구동 2층 보육실 내 화장실은 창이 있어 밝으며 일반 가정의 화장실과 같은 친숙하고 편안한 분위기임

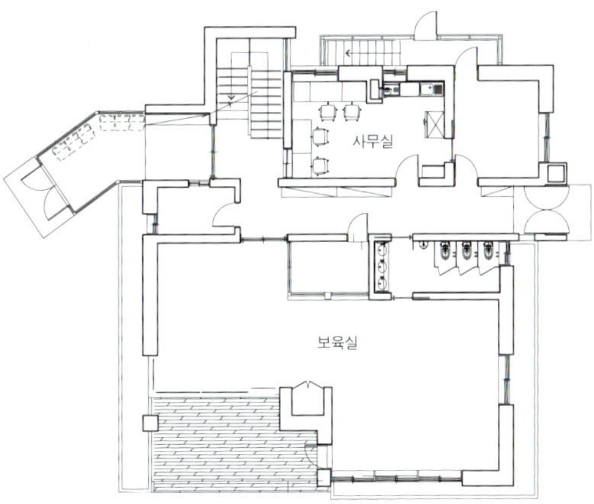

1층 평면도(연구동)

12

14

15

16

12. 본관 1층 보육실과 연결된 실외놀이터
13. 본관 2층과 연결된 실외놀이터
14. 언덕 지형을 이용한 실외놀이터
15. 아동이 자유롭게 놀 수 있는 실외놀이터의 빈 공간
16. 실외놀이터의 창고

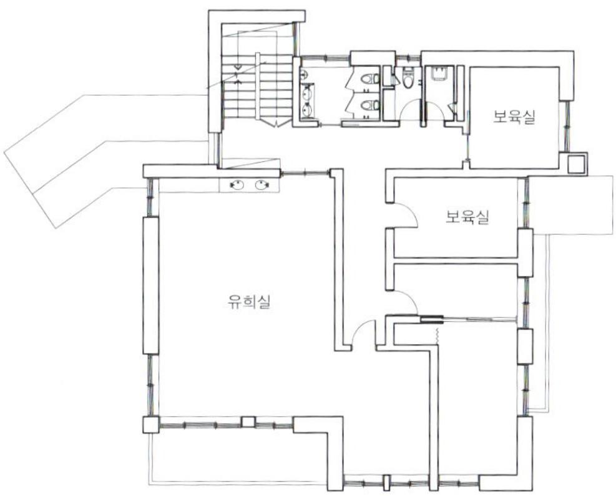

2층 평면도(연구동)

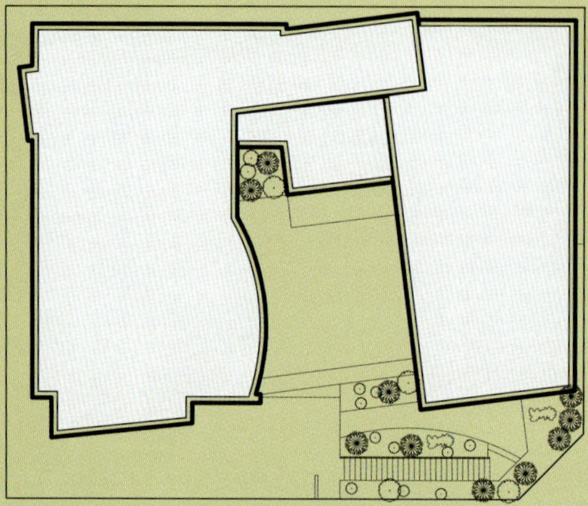

푸르니 일산유치원 · 어린이집

유치원과 어린이집을 함께 운영하고 있는 사례

위치 경기도 고양시 일산동구 장항동 699	**시설유형** 직장어린이집	**설립연도** 2004년	**건물유형** 단독건물	**층수** 지상 3층, 지하 1층
대지면적 1597.2㎡	**연면적** 1,431.7㎡(지하: 441.0, 1층: 319.8㎡, 2층: 420.2㎡, 3층: 250.8㎡)	**실외놀이터 면적** 825㎡
아동 1인당 시설면적 8.7㎡	**운영시간** 반일반(오전 9시~오후 1시 50분), 종일반(오전 7시30분~오후10시)	**아동 수** 어린이집 100명, 유치원 118명
종사자 수 31명(어린이집 교사 14명, 유치원교사 11명, 원감 2명, 원장 · 간호사 · 영양사 · 관리인 각 1명은 유치원과 어린이집을 겸직)
어린이집 반 편성 만 1세 이하: 1개 반 / 정원 20명 / 교사 5명	**만 2세**: 1개 반 / 정원 21명 / 교사 3명	**만 3~4세**: 1개 반 / 정원 59명 / 교사 2명
유치원 반편성 만 3세: 1개 반 / 정원 24명 / 교사 2명	**만 4세**: 1개 반 / 정원 30명 / 교사 2명	**만 5세**: 2개 반 / 정원 64명 / 교사 4명

설립목적

푸르니 일산 어린이집은 2004년 일산신도시 개발에 의하여 교육연구지구인 대지에 위치하므로 유치원과 직장어린이집을 함께 운영하고 있다. 하나은행, IBM, NHN, 의료보험 심사평가원, 포스코 직장 자녀를 위한 공동 직장보육시설로서, 푸른보육경영에서 위탁하여 운영하고 있다.

프로그램 목표

유능한 아이, 스스로 행동하는 아이, 다른 사람을 존중하는 아이, 기쁘게 생활하는 어린이를 보육목표로 삼고, 미래를 짊어질 아동들에게 각각의 발달적 특성과 능력을 고려하여 즐겁고 행복하게 자랄 수 있는 기회를 부여하고자 한다.

프로그램 철학 및 내용

푸르니 보육 프로그램의 철학에 근거하여 기본적 운동능력을 기르고, 건강하고 안전한 생활습관을 길러주기 위해서 연령별로 다양한 통합적 프로그램을 실시하고 있다. 만 3세, 4세에게는 공간개념, 논리적 사고력, 문제해결 능력을 발달시키기 위한 자유로운 쌓기놀이활동, 다양한 역할 표현을 통해 상상력과 언어, 인지발달을 촉진시키는 극화활동, 창의적으로 표현하며 즐거움을 느끼는 음률활동, 교육주제에 따른 다양한 활동으로 집단 내의 역동성을 도모하고, 집중력과 경험의 폭을 넓혀주는 대 · 소집단활동, 의사소통능력을 향상시키며 읽기와 쓰기의 기초를 위한 능동적 언어활동, 탐구적 태도를 가지고 논리 수학적 과학 개념을 촉진시키는 수 · 과학활동과 다양한 미술자료 및 기법을 통해 창의적으로 생각과 느낌을 표현하는 미술활동 등을 제공한다. 만 5세에게는 학교준비를 위한 반구조화 프로그램으로 효과적인 문해환경을 제공하여 총체적인 학습이 이루어지는 언어활동, 구체적 조작물과 실물자료 등을 이용해 분류 · 서열 · 1:1 대응 · 측정 등 논리 수학적 사고력을 향상시키는 수학활동, 주변의 물리적 · 생물학적 자연현상에 대한 탐구심을 자극하여 실험 탐색해 보는 과정을 통해 과학적 사고를 증진시키는 과학활

1. 방문객을 반기는 듯한 느낌을 주고 있는 밝고 화사한 현관로비
2. 각 보육실로 진입하기 위한 복도역할을 하고 있는 1층 홀
3. 가능한 영아들의 이동성을 고려해 빈 공간이 넓게 마련되어 있으며, 한쪽에 휴식영역과 기저귀 갈이영역이 구성되어 있는 만 1세 보육실
4. 만 4세 보육실로서 바깥공간을 바라보며 책을 읽을 수 있도록 언어영역 겸 휴식영역이 구성되어 있으며, 소파와 교구장으로 영역구분을 하고 있음

5

6

동, 정보화 시대의 필수적인 교육매체인 컴퓨터의 바른 사용법을 익히고 교육주제에 따른 통합적 활동을 풍부하게 해주는 컴퓨터활동 등이 기존의 활동 외에 추가로 제공된다. 모든 연령의 아동들에게 특별활동으로 생각과 표현이 자라나는 책 만들기 프로그램, 놀이로 배우는 통합적 영어교육 프로그램, 음악적 잠재력을 개발하기 위한 음악교육 프로그램, 신체발달과 운동능력 향상을 위한 유아체육 프로그램 등을 실시하여 전인발달을 도모하고자 한다.

배치특성

건물의 지하층과 1층은 어린이집으로 사용하고 있으며, 2~3층은 유치원으로 사용되고 있다. 주변에는 공원과 학교, 주택가, 아파트가 밀집해 있으며 학생들의 통

5. 유아용 화장실은 양쪽 보육실에서 접근가능하도록 구성되어 있으며, 아동의 신체 크기에 맞게 칸막이가 설치되어 있음
6. 아동들의 일과활동들을 전시하고 있는 2층 복도 벽면
7. 2층 복도 한쪽 벽면이 전창으로 계획되어 있어 아래로 중정을 바라볼 수 있음
8. 2층 복도에서 내려다 본 중정놀이터

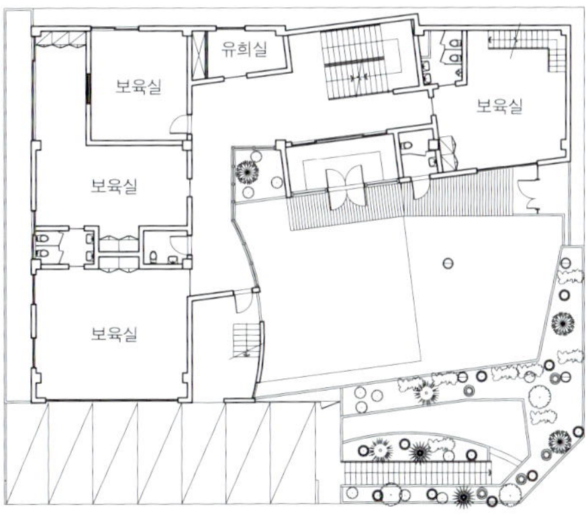

1층 평면도

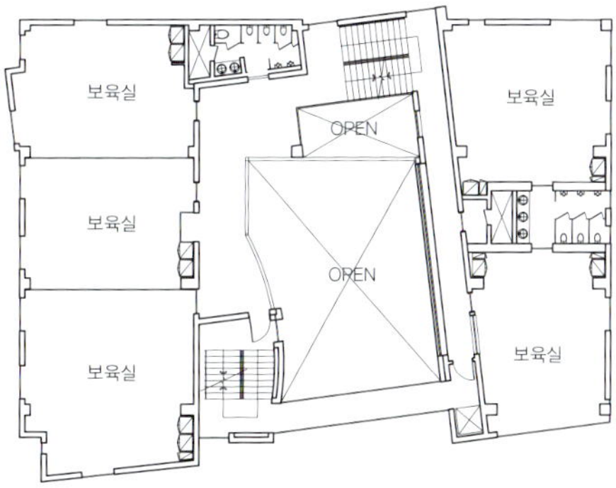

2층 평면도

학로에 주출입구가 있다. 푸르니 일산 어린이집은 신도시 계획 당시부터 마련된 부지로 대지 위에 건물이 꽉 들어차 있는 모양을 하고 있으며, 전체 건물은 지하 1층, 지상 3층의 육면체 형태로 가운데를 비워낸 튼 'ㄷ자형'의 모양이며, 한쪽 메스(mass)를 들어 올려 중정을 실외놀이공간으로 사용하고 있다.

평면특성

중정을 통해서 중앙 현관으로 들어서면 홀과 계단실로 좌우의 보육영역이 나누어지게 된다. 중정을 마주하는 면에 복도를 두고 전창으로 구성하여 중정으로의 개방감을 더 했다. 또한 모든 층 복도에서 중정을 바라보는 동시에 주출입구의 원생과 학부모의 진출입을 확인할 수 있다. 2층은 좌우 보육공간의 반 층의 높이 차이를 두어 두 공간을 구분하였다. 2층의 우측 보육공간 내에 어린이 화장실이 별도로 설치되어 층마다 설치되어 있는 공용화장실과는 구분된다. 3층의 우측 공간은 옥상 정원으로 생태 놀이터를 구성하였고, 좌측에 보육공간이 마련되어 있다. 옥상에는 놀이터로 실외 놀이공간을 구성하였다. 지하공간은 선큰으로 처리하여 채광이 용이하며, 유사시 영유아 및 성인들의 대피공간으로 이용될 수 있다. 지하공간은 식당과 실내 놀이공간 및 교사실로 구성되었다. 식당과 놀이공간은 가변형 구조로 필요시 두 공간을 하나의 공간으로 사용 가능하다.

- **1층** : 보육실 4개, 유희실 1개, 보육실 겸 유희실 1개, 화장실
- **2층** : 보육실 5개, 화장실, 기타 공용공간
- **3층** : 보육실 2개, 화장실, 생태학습장
- **옥상** : 옥상놀이터
- **지하층** : 강당, 식당, 조리실, 도서실, 교사실, 자료실, 세탁실, 화장실

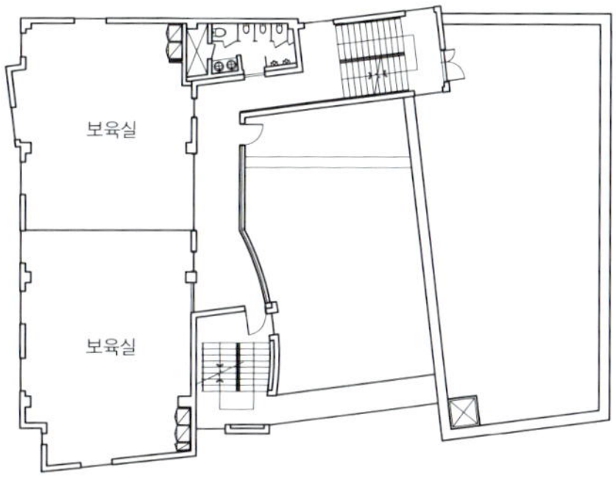

3층 평면도

9. 옥상에 위치한 생태놀이터

10. 다양한 놀이기구가 비치되어 있는 옥상 실외 놀이공간

11

12

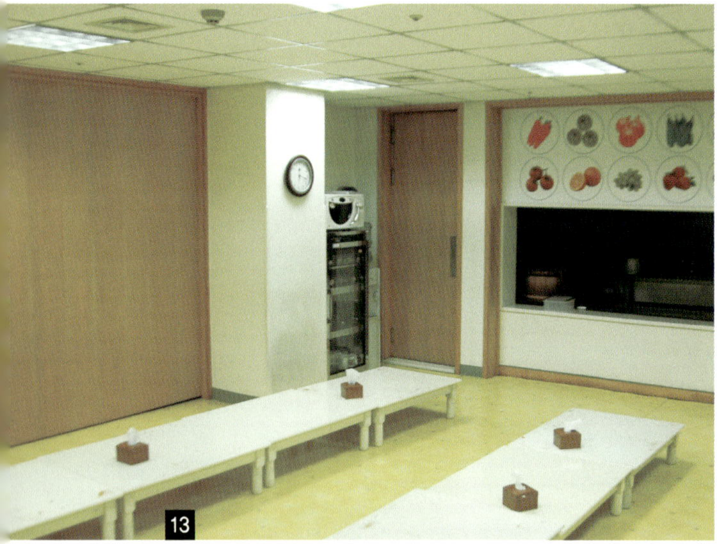
13

15

14

11. 어린이집 지하층에 마련된 유희실로서, 지하공간의 습하고 차가운 느낌이 아니라 조명 및 밝은 색채를 사용하여 전체적으로 밝고 화사한 느낌을 주고 있음
12. 실내 채광효과 및 비상시 대피공간으로 이용되는 지하 선큰공간
13. 지하층 식당
14. 가변형 구조로, 필요시 두 공간을 하나의 공간으로 사용 가능한 식당 옆 특별활동실
15. 조명 및 조경효과를 주어 밝은 느낌을 주고 있는 지하층 계단실
16. 전이공간으로 이용되는 지하층 도서공간

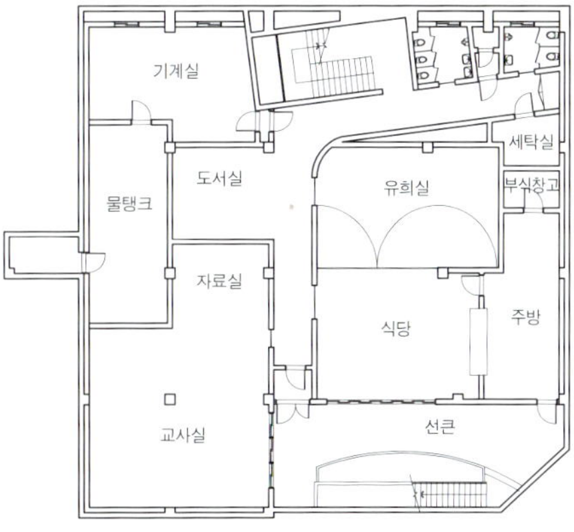

지하층 평면도

찾아보기 *Index*

ㄹ

ㅁ

ㅂ

ㅅ

ㅇ

ㅈ

ㅊ

ㅋ

ㅌ

ㅍ

ㅎ

저자소개

최경숙
인덕대학교 건축학과 교수

최목화
한남대학교 아동복지학과 교수

변혜령
(사)생활환경디자인연구소 부소장

박정아
한남대학교 산업기술연구소 전임연구원

김영애
건양대학교 건축학과 교수

나종혜
한남대학교 아동복지학과 교수

손승희
대전청사 새롬어린이집 원장

조정신
건양대학교 아동보육학과 교수

주서령
경희대학교 주거환경학과 교수

사례를 통해서 본

어린이집 · 유치원 환경디자인과 프로그램

2012년 4월 25일 초판 인쇄
2012년 4월 30일 초판 발행

지은이 최경숙 외
펴낸이 류 제 동
펴낸곳 (주)교 문 사

디렉터 양계성
책임편집 성혜진
본문편집 우은영
표지디자인 이혜진
제작 김선형
영업 정용섭 · 이진석 · 송기윤

출력 현대미디어
인쇄 삼신인쇄
제본 한진제본

우편번호 413-756
주소 경기도 파주시 교하읍 문발리 출판단지 536-2
전화 031-955-6111(代)
팩스 031-955-0955
등록 1960. 10. 28. 제406-2006-000035호

홈페이지 www.kyomunsa.co.kr
이메일 webmaster@kyomunsa.co.kr
ISBN 978-89-363-1211-4 (93370)

값 20,000원

*저자와의 협의하에 인지를 생략합니다.
*잘못된 책은 바꿔 드립니다.